AF440620

Philosopher dans la caverne

Alexandre Georgandas

Philosopher dans la caverne

Introduction à la pratique philosophique

Rki press

ISBN 979-10-94084-06-9

© Éditions Rki press, 2018

À ma fille et à sa mère

« Le philosophe ignore […] la manière dont il faut parler aux autres dans les affaires privées et publiques. »

Platon, *Gorgias*.

« Tout rationaliste se doit de dire, avec Kant : on n'enseigne pas la philosophie – mais au mieux sa pratique, à savoir l'attitude critique. »

Karl Popper, *Toute vie est résolution de problèmes*.

PRÉFACE

Au contraire des philosophies d'Héraclite ou d'Épicure, par exemple, la philosophie théorique de Platon n'est pas d'actualité. Seuls quelques mathématiciens admettent l'éternité des essences mathématiques et peuvent être dits « platoniciens ». Nietzsche, Bergson peuvent se dire « héraclitéens », mais il n'y a pas de philosophe « platonicien ». Mais si la philosophie théorique de Platon est laissée de côté, Platon qui est un grand imaginatif, nous interpelle toujours par ses mythes et ses allégories, tels le mythe du *Phèdre*, le mythe d'Er le pamphylien ou l'allégorie de la caverne. C'est précisément de cette allégorie que s'inspire Alexandre Georgandas. Nous sommes toujours dans la caverne, car la condition de l'homme est une énigme. Cependant nous prétendons philosopher, c'est-à-dire parler des vraies réalités. Le pouvons-nous avec le langage qui est le nôtre, habitants de la caverne ? Alexandre Georgandas montre que ce langage n'a pas d'autre fonction propre que celle de permettre la communication « *inter nos*, entre sujets ». Certes, « il existe de fait un langage pour communiquer avec l'objet [les réalités extérieures], c'est le langage mathématique ». Et Platon ne l'ignore pas. Mais il n'en reste pas aux mathématiques lorsqu'il considère que la notion d' « abeille », par exemple, signifiant qu'il y a une essence éternelle de l' « abeille », autrement dit un modèle éternel de l'abeille, de sorte que même s'il n'y avait plus d'abeille il pourrait toujours y en avoir, il emprunte le mot « abeille » au langage ordinaire et le prend comme révélateur de ce qui est hors de la caverne, ce qui est méconnaître qu'un tel langage n'est pas fait pour nous faire connaître la vérité métaphysique. Sa fonction est de permettre la communication entre sujets et il est le moyen dont use le philosophe praticien pour questionner l'interlocuteur. Ce questionnement admet le principe de non-contradiction. Il ne s'agit pas de conduire l'interlocuteur de questions en questions à des vérités qu'on veut lui faire admettre, mais de procéder à une remise en question du mode de pensée de l'interlocuteur, via les apories auxquelles on aura su l'emmener. L'aporie conduit l'interlocuteur, pris dans le piège de ses contradictions, à une suspension de jugement, une *épochè*. Si le philosophe praticien provoque ainsi l'*épochè*, c'est pour faire que s'engage chez l'interlocuteur le processus de réflexion et cela de façon autonome et libre. Alexandre Georgandas nous semble avoir une grande maîtrise de cette pratique.

Marcel Conche

INTRODUCTION

La pratique philosophique n'est guère reconnue à l'heure actuelle par le milieu universitaire et reste d'autre part relativement méconnue du grand public. Pour ceux qui n'en auraient jamais entendu parler, elle s'organise principalement autour d'ateliers collectifs ou en consultations individuelles, son objectif étant de rendre la philosophie accessible au plus grand nombre. Il ne s'agit pas d'un enseignement à proprement parler mais plutôt d'une méthode de questionnement qui s'inspire le plus souvent du modèle socratique, c'est-à-dire qui utilise la question comme un outil pour faire ressortir les défaillances et contradictions internes des différents modèles de représentation en présence. Professionnellement je m'inscris depuis une dizaine d'années dans ce courant et l'idée d'en réaliser un approfondissement théorique m'est venue alors que je m'entretenais avec le responsable de l'Institut de Pratiques Philosophiques (IPP), Oscar Brenifier, et que je lui faisais part de mon scepticisme face à la diversité des méthodes employées par les intervenants lors de ses séminaires. En effet, il n'existe pas de formation spécifique au métier de philosophe praticien, même si l'université Paris-Sorbonne, ainsi que celle de Sherbrooke au Canada notamment, ont mis en place depuis peu des cursus philosophiques orientés vers la pratique. Face à cette disparité quelque peu problématique, chacun y allant de sa propre conception de la meilleure façon d'appliquer la philosophie en dehors de son cadre d'enseignement habituel, j'évoquais l'idée de réaliser un support qui aurait pour finalité de mieux définir les attentes de cette activité et qui permettrait également de faire le lien avec un milieu universitaire qui a du mal à en reconnaître la valeur du fait même de son caractère essentiellement pratique.

Je me suis par ailleurs heurté à un autre genre de difficulté : la pratique philosophique, dans l'état actuel, a bien souvent tendance à se limiter dans ses interventions à un simple copié-collé du *modus operandi* de la philosophie traditionnelle, le philosophe praticien s'appuyant sur les thèses de philosophes académiques pour répondre aux questions qui lui sont posées. Mais il me semble que ce n'est pas aussi simple que ça, que l'on ne peut pas transposer un discours qui était réservé au monde universitaire et à une fonction purement théorique à des situations concrètes de questionnement sans une refonte préalable de son mode de communication. À partir de cette idée qu'il y avait un mode de communication à revoir et à repenser, j'en suis arrivé au problème central de cet ouvrage, à savoir le fait que la philosophie dans sa version théorique souffrait d'un problème de communication fondamental qu'il était du ressort de la pratique philosophique de dépasser afin de déterminer ses propres conditions de possibilité.

1. DISCOURS *INTRA VS. EXTRA MUROS*

Dans ce chapitre seront interrogées les différentes formes de discours telles qu'elles se manifestent dans l'allégorie platonicienne de la caverne. Celle-ci sera par ailleurs utilisée tout au long de ce travail comme paradigme pour élucider le problème de communication fondamental que pose la philosophie théorique quand il s'agit de s'adresser à un public de non-spécialistes et que la pratique philosophique devra dépasser.

Pour commencer, j'entends par discours toute forme d'énonciation présentant un caractère rationnel, ce à quoi je fais correspondre le terme grec de *logos*. Que cette rationalité soit fondée, comme c'est censé être le cas avec les discours de types philosophique et scientifique, ou seulement apparente, ce dont on accuse les discours dits sophistiques, où la raison n'y serait utilisée que comme un moyen rhétorique destiné à manipuler l'auditoire et le faire adhérer aux thèses avancées. Une hypothèse centrale toutefois de mon travail, que je m'efforcerai de démontrer, c'est que la raison, et quelle que soit la forme de discours adoptée, n'est jamais qu'un outil rhétorique parmi d'autres et qu'elle ne dit jamais vrai, à proprement parler. M'appuyant pour ce faire sur les propos du sophiste Protagoras, tels que nous les rapporte Platon : ces « représentations que d'aucuns, par inexpérience, appellent vraies ; pour moi, elles ont plus de valeur les unes que les autres ; plus de vérité, pas du tout. »[1] Je m'efforcerai en effet de distinguer la pratique philosophique de la philosophie traditionnelle en l'orientant davantage du côté de la sophistique, c'est-à-dire en en faisant d'abord et avant tout un exercice de communication. Communication qui est la principale pierre d'achoppement de la philosophie traditionnelle.

À partir de l'allégorie de la caverne de Platon du début du livre VII de *La République* qui, pour la rappeler brièvement, nous raconte l'histoire de prisonniers enchaînés depuis l'enfance au fin fond d'une caverne et n'ayant d'autres préoccupations que de contempler sur la paroi qui leur fait face des ombres qui défilent, projetées de derrière eux par des personnages dont ils ignorent l'existence, jusqu'à ce qu'un des leurs se voit libéré et accède aux régions supérieures, je commencerai par rappeler les trois usages du discours s'excluant mutuellement l'un l'autre selon l'approche philosophique traditionnelle, à savoir :

1. l'usage sophistique que je localise aussi bien au niveau le plus bas de la caverne où se situent les prisonniers, et que je nommerai ici pour permettre de mieux visualiser la scène, le niveau -2, qu'au niveau intermédiaire, qui est celui des porteurs d'ustensiles, et qui correspondra au niveau -1,

2. l'usage critique qui se déplace d'abord en descendant du niveau -1 au niveau -2, pour remonter ensuite jusqu'à flirter avec le niveau 0 ou niveau du sol. C'est à cet usage intermédiaire du discours que j'associerai plus particulièrement la pratique philosophique,

---

[1] Platon, *Théétète*, 167 b.

3. l'usage théorique correspondant au niveau 0 ou niveau du sol et renvoyant à la version traditionnelle de la philosophie que je nomme la philosophie théorique.

Les deux premiers, l'usage sophistique et l'usage critique, s'effectuent *intra muros*, c'est-à-dire qu'ils se développent à l'intérieur de la caverne. Le troisième, l'usage théorique, est *extra muros* et correspond à la deuxième partie de l'allégorie qui se déroule à l'extérieur, quand le prisonnier se trouve dehors, si tant est que cette sortie soit possible. Je considère en effet, du point de vue de la pratique philosophique, que cette dernière étape n'est pas réalisable, qu'elle ne constitue qu'un leurre responsable en grande partie de l'échec de la philosophie à se faire entendre du grand public.

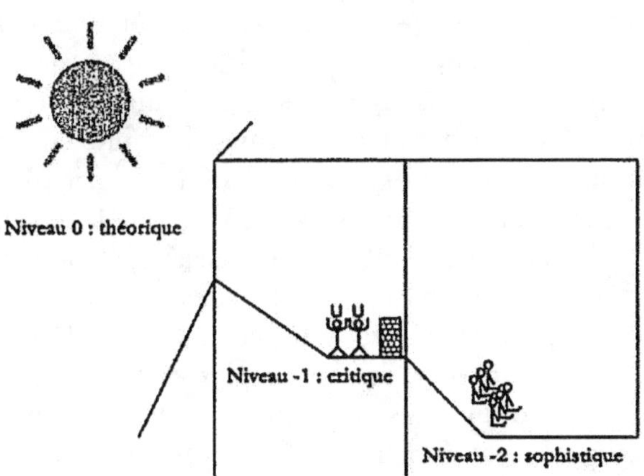

UNE VIE *INTRA MUROS*

Les murs

À l'image des prisonniers décrits dans la caverne, nous passons le plus clair de notre temps enfermés entre quatre murs. J'entends ici par murs, dans un sens élargi, toute forme de structure matérielle délimitant notre environnement. Qu'il s'agisse des murs de notre domicile, de notre bureau, des moyens de locomotion que nous empruntons pour nous y rendre, etc. Mais, contrairement à Bartleby, le personnage éponyme de la nouvelle d'Herman Melville qui « durant de longues périodes, [...] restait debout derrière le paravent à contempler à travers sa pâle fenêtre le mur de brique aveugle »[2], nous avons fini par ne plus y faire attention. Mais ces murs existent bel et bien. Mon postulat, c'est que tout discours se développe dans une enceinte matériellement délimitée. Une salle de réunion, ou une salle de conférence, par exemple. On pourrait me rétorquer : « Mais dans la rue, qu'en est-il ? Les gens qui y conversent ensemble ne se trouvent pas enfermés dans une enceinte! » Et pourtant si, les murs sont bien là. On n'y fait peut-être pas attention mais les murs de la rue, qui la délimitent comme telle, conditionnent le type d'échanges que y avons, c'est-à-dire que nous nous y entretenons de sujets relativement neutres, que n'importe qui peut entendre. Et si nous avons besoin d'aborder des sujets plus confidentiels, nous cherchons un cadre plus approprié. La façon dont nous communiquons est fonction du lieu physique, matériellement délimité, dans lequel nous nous trouvons.

----

[2] Herman Melville, *Bartleby le scribe*, p. 42.

À l'intérieur de l'intérieur

Même lorsque nous nous promenons dans un parc ou en forêt, il s'agit d'un espace délimité. Nous passons de l'intérieur de la ville à l'intérieur de la forêt, par exemple. En quelle occasion pourrions-nous dire que nous nous trouvons effectivement dehors, dans une extériorité qui ne soit elle-même contenue dans rien ? Nous ne sommes toujours qu'à *l'extérieur de*, celui-ci se trouvant lui-même imbriqué dans une nouvelle intériorité et ainsi de suite. Qu'est-ce que serait un lieu véritablement hors les murs ? Il s'agirait d'un lieu non délimité. Mais un tel lieu nous ne pouvons pas nous le représenter, au sens de nous en faire une image, et encore moins le fréquenter, parce que, tout simplement, un tel lieu est humainement irréalisable. Il n'existe pas d'extériorité pure à laquelle l'homme puisse avoir accès. Il ne s'agit jamais que d'une extériorité relative et qui se trouve n'être, en définitive, qu'une nouvelle forme d'intériorité.

Par conséquent, il ne saurait non plus y avoir, à proprement parler, de discours en pur extérieur, en pleine nature, sans qu'au minimum un ligne de démarcation, même purement symbolique, comme un ruban tendu entre des piquets par exemple, ne soit tracée. Ou bien ce serait l'œuvre d'un marginal ou d'un fou, quelqu'un qui parlerait au milieu de nulle part, qui prêcherait dans le désert. Tout discours est un produit culturel et, en tant que tel, il ne saurait se produire ailleurs que dans un lieu structurellement déterminé qui en conditionne aussi bien la teneur que les modalités d'expression. Pour Aristote, celui qui ne vit pas en société est soit une bête soit un dieu[3], ce à quoi Nietzsche rajoute : « Pour vivre seul, il faut être une bête, ou un dieu, dit Aristote. Reste un troisième cas : il faut être les deux à la fois… philo-

---

[3] Cf. Aristote, *Politique*, I, 1, 9, 1253 a.

sophe. »[4] Quand donc Platon et toute la philosophie que j'appelle théorique ou doctrinale prétend nous faire sortir de la caverne pour nous faire voir, dehors, la lumière, c'est là, qu'en tant que philosophe praticien, je marque le pas.

La pratique philosophique ne prétend à aucun moment sortir de la caverne. On peut considérer cela comme une sorte de théorème fondamental. Contrairement à la philosophie traditionnelle, elle reste et s'effectue *intra muros* – c'est en tout cas la ligne que je défendrai tout au long de ce travail – et se rapproche par là-même davantage de la sophistique, entendue ici comme un art du discours *in situ*, que de la philosophie traditionnelle.

Les écrans

Nous vivons également enchaînés face aux murs de nos illusions. Nos chaînes, ce sont aujourd'hui ces ondes sensées nous relier toujours davantage au monde. Mais quel monde ? Non pas celui dans lequel nous vivons physiquement, celui de notre existence concrète – comme les prisonniers ne voient pas les murs de la caverne, tout entiers absorbés par le jeu des ombres qui défilent – mais celui dans lequel nous nous projetons virtuellement et qui nous fait perdre de vue notre environnement réel. En ce sens nous sommes deux fois dedans : dedans par les limites matérielles, les murs par lesquels l'homme délimite son espace propre – et de tout espace qu'il conquiert, dont il foule le sol, il fait un espace propre – et dedans par les écrans que nous superposons à cette réalité bornée dans laquelle nous vivons, pour nous projeter dans un espace virtuel qui est en fait entièrement normé, structuré de a à z, en définitive tout sauf un espace de liberté, entendue comme extériorité pure dans laquelle

---

[4] Friedrich Nietzsche, *Le Crépuscule des idoles*, « Maximes et traits », p. 11.

nous ne serions plus modélisés par un quelconque système de pensée.

Le conditionnement du discours

J'entends également l'expression *intra muros* dans un sens métaphorique renvoyant à l'ensemble des présupposés nécessaires à l'effectuation d'un discours quel qu'il soit. Je vais en répertorier ici un certain nombre, même si, dans le cadre de la pratique philosophique, c'est plus particulièrement sur la condition axiologique, c'est-à-dire l'appartenance des différents acteurs à une même communauté de valeurs, que portera mon attention.

Le conditionnement culturel

Tout discours se développe dans un milieu culturel qui en conditionne nécessairement la teneur. Tout discours, c'est-à-dire tout énoncé à finalité rationnelle, présuppose l'appartenance aussi bien de l'énonciateur que de son auditoire à une même communauté culturelle, tant du point de vue :

- linguistique (une même langue),
- que cognitif (certains postulats de départ),
- qu'axiologique (un même système de valeurs).

Lorsque je parle, c'est dans l'intention de me faire comprendre. Ce qui ne sera pas possible si celui qui m'écoute ne parle pas la même langue que moi, ne reconnaît pas la validité de mes postulats ou ne partage pas le même système de valeur.

Le conditionnement individuel

Le discours est également conditionné :

- dans sa forme, par la structure particulière de la langue employée,
- dans son fond qui est fonction du vécu personnel de celui qui s'exprime,
- par le contexte[5] dans lequel celui-ci s'effectue,
- par l'auditoire à qui il s'adresse.

L'énonciateur ainsi que l'auditoire n'y font généralement pas attention mais ces présupposés sont indispensables pour qu'une communication efficace puisse s'établir. S'y arrêter reviendrait à rendre celle-ci impossible. L'exemple que prend Wittgenstein quand il nous dit que : « l'œil, en réalité, tu ne le vois pas. Et [que] rien dans le champ visuel ne permet de conclure qu'il est vu par un œil. »[6], peut être transposé ici. Il suffit pour cela de remplacer « le champ visuel » par « le discours » et « l'œil » par « l'ensemble des présupposés qui en permettent l'effectuation ». Lorsque nous communiquons, nous faisons comme si ces présupposés n'existaient pas et nous nous entretenons dans cette illusion nécessaire à tout discours pour que la communication puisse fonctionner.

Ces parois intellectuelles du discours, ou ce cadre *a priori*, dans lequel tout discours se doit d'être énoncé, constituent pour ceux qui l'écoutent un ensemble de repères sans

---

[5] Un discours hors-contexte n'est pas un discours sans contexte. Le contexte référent n'est seulement pas adapté à la situation. Les présupposés implicites de tout discours, son code implicite, sont fonction, entre autres, du contexte dans lequel celui-ci s'effectue et une personne qui connaîtrait quelqu'un dans un certain contexte serait peut-être bien surprise de l'entendre s'exprimer dans un autre.

[6] Ludwig Wittgenstein, *Tractatus logico-philosophicus*, 5.633.

lesquels il ne leur est pas possible d'en saisir la rationalité. Peut-être certains des membres d'un auditoire quelconque seront-ils charmés par le côté poétique, extravagant ou simplement provocateur d'un discours décalé mais ils n'y comprendront, à vrai dire, pas grand-chose. Il sera pour le moins déstabilisant de s'adresser par exemple à sa boulangère sans respecter les codes de communication implicites que ce genre d'échanges présuppose.

Pour faire un rapprochement, un nouveau-né dans son berceau a les yeux grand ouverts mais il ne voit pour ainsi dire rien, car il n'a pas appris à reconnaître la signification des tâches de couleurs qui viennent impressionner ses pupilles. Il ne voit qu'un amas de formes et est incapable d'en sélectionner aucune. Il en va de même pour l'ouïe. Il entend pour ainsi dire tout, chaque son, chaque bruissement qui vient frôler son oreille, mais, entendant tout sans distinction, c'est comme s'il n'entendait rien car il est incapable de différencier les sons signifiants, de ceux qui ne le sont pas. Il est incapable de dégager la signification du bruit de fond parasite, ce qu'un individu plus âgé fera sans mal. Il en va de même pour le discours. Il n'est pas possible de tout dire, il n'est pas possible de parler « la bouche grande ouverte » et demander à quelqu'un de s'exprimer librement fait figure de contradiction dans les termes, autant lui demander de se taire car par quel bout commencer, par quel bout prendre le discours, si les conditions d'énonciation ne sont pas déterminées au préalable ?

Les conditions d'effectuation du discours qui ne peuvent être analysées simultanément à son effectuation même entraînent systématiquement une confusion de la part des différentes acteurs entre intérieur et extérieur, entre une information *intra muros,* qui se cantonne aux conditions que le discours présuppose, et une information à la portée soi-disant objective ou *extra muros*. Comme le précise Bergson : « Nous ne voyons pas les choses mêmes ;

nous nous bornons, le plus souvent, à lire des étiquettes collées sur elles. »[7] Nous confondons l'objet nommé, l'ensemble des jugements que nous portons sur une hypothétique *réalité* sous-jacente, avec cette réalité même. En pratique philosophique un effort méthodologique serait fait pour contenir le discours dans le cadre des conditions qui le prédéterminent et pour limiter sa portée au système fermé de communication dans lequel il est rendu possible. Il conviendra donc d'interroger systématiquement ces présupposés – de les faire ressortir – pour remédier à cette extrapolation erronée des faits de discours.

LES DIFFÉRENTS NIVEAUX DE DISCOURS

Le niveau sophistique

C'est le discours du « sous-sol », qui renvoie aussi bien aux porteurs d'ustensiles devisant ensemble à l'abri du muret : « Et naturellement parmi ces porteurs qui défilent, les uns parlent, les autres ne disent rien. »[8], qui se situent à ce que j'ai appelé plus haut le niveau -1 ou niveau intermédiaire, qu'aux échanges entre les prisonniers, au niveau -2. Concernant le discours des porteurs d'ustensiles, l'interprétation de la distinction que fait Platon entre ceux qui parlent et ceux qui ne disent rien pose quelques difficultés. Il pourrait s'agir à première vue d'une simple allusion à la relation de maître à disciple, le maître parlant et le disciple écoutant. Maintenant si nous nous demandons ce qu'il se passerait si, à l'inverse, les porteurs d'ustensiles se mettaient à parler tous en même temps, la réponse la plus plausible est que

---

[7] Bergson, *Le Rire*, pp. 117-118.
[8] Platon, *République*, livre VII, 515a.

les prisonniers, de l'autre côté du muret, n'y comprendraient plus rien. Ce ne serait plus qu'un brouhaha confus qui leur parviendrait aux oreilles et auquel il leur serait impossible de donner la moindre signification. Dans cette seconde hypothèse, Platon insisterait plutôt sur le fait que les porteurs d'ustensiles communiquent entre eux de façon rationnelle, non passionnelle, et que les échanges qui parviennent ensuite aux oreilles des prisonniers sont également susceptibles d'avoir une signification cohérente pour eux, qu'ils pourront sans difficulté les associer aux ombres qui défilent : « Et s'il y avait aussi un écho qui renvoyât les sons du fond de la prison, toutes les fois qu'un des passants viendrait à parler, crois-tu qu'ils ne prendraient pas sa voix pour celle de l'ombre qui défilerait ? »[9] Le fait d'insister sur le caractère rationnel de l'échange est important aussi bien d'un point de vue sophistique que philosophique. Je rappelle à ce propos le premier précepte de la méthode cartésienne qui consiste à : « Ne comprendre rien de plus en mes jugements, que ce qui se présenterait si clairement et si distinctement à mon esprit, que je n'eusse aucune occasion de le mettre en doute. »[10] Un discours confus, qui ne manifeste pas un certain ordre dans son énonciation, est forcément perçu comme irrationnel. Il se trouve que dans les ateliers de pratique philosophique, les échanges prennent facilement un tour passionnel et cela fait partie du rôle du philosophe praticien de savoir discipliner les différentes interventions. Il fait dans ce cas office de modérateur.

La question qui se pose maintenant c'est de savoir comment nous justifions l'assimilation des propos tenus pas les porteurs d'ustensiles, ainsi que les échanges entre

---

[9] *Ibid.*, 515 b.

[10] Descartes, *Discours de la méthode*, deuxième partie, P. 69.

les prisonniers, à une forme de discours sophistique, puisque Platon ne le dit pas explicitement. Ce qui nous permet de le supposer c'est, concernant le premier passage, que les porteurs font partie intégrante du dispositif d'illusion mis en place dans la caverne, non seulement par leurs conversations qui font écho sur le mur face aux prisonniers, mais aussi par les objets qu'ils portent et qui sont responsables des ombres que les prisonniers confondent avec la réalité, ainsi que par le fait qu'ils évoluent cachés derrière un muret. Parce qu'il s'agit aussi, comme nous l'avons déjà mentionné, d'un échange civilisé, respectant une règle de base de la communication, à savoir celle de ne pas interrompre celui qui parle. Soit un discours respectueux de la forme quand Platon précise que pendant que « les uns parlent, les autres ne disent rien. »[11] C'est donc un discours qui fait sens pour les prisonniers qui l'entendent, même si ce sens est faussé par la mise en scène, à savoir tout l'appareillage placé dans leur dos. C'est en tant que la rationalité apparente du discours entendu est associée à une manœuvre de manipulation que nous le disons sophistique, ce que Platon fait d'ailleurs ressortir quand il compare le petit mur « aux cloisons que les montreurs de marionnettes dressent entre eux et le public et au-dessus desquelles ils font voir leurs prestiges. »[12] Tout est donc mis en place dans la caverne pour offrir aux prisonniers un univers apparemment cohérent d'un point de vue rationnel.

L'autre extrait que nous avons mentionné, celui où les prisonniers se mesurent les uns aux autres pour savoir lequel est le plus habile à juger des ombres qui défilent, fait, selon nous, également référence de manière implicite à la sophistique puisque le savoir auquel parviennent les prisonniers

---

[11] Platon, *La République*, 515 a.
[12] *Ibid.*, 514 b.

repose sur des illusions, à savoir les ombres des objets et non pas les objets eux-mêmes, ainsi que des associations erronées entre les voix qui leur parviennent de derrière et les ombres qu'ils voient passer, de la même manière que quand on regarde un dessin animé aujourd'hui. Et que ceux dont les propos s'accordent le mieux avec la seule réalité dont ils soient témoins – nous insistons sur ce point car c'est l'unique activité que Platon donne à ses prisonniers : discourir sur les ombres qui défilent – se retrouvent « en possession des honneurs et de la puissance »[13]. Or, sur la scène publique, à l'époque de Platon, ceux qui reçoivent les « honneurs et la puissance » grâce à leur maîtrise du discours, et d'un discours *in situ*, c'est-à-dire qui s'adapte toujours au contexte particulier de son énonciation, ce sont justement les sophistes. On re-pense ici notamment à la somme démesurée que se faisait payer Protagoras pour ses services, comme le mentionne Diogène Laërce : « Il fut le premier à se faire payer un salaire, de cent mines »[14].

Le dernier élément qui nous fait associer les paroles qu'entendent les prisonniers, ainsi que celles qu'ils échangent entre eux, à la sophistique, est l'immobilité à laquelle ils se trouvent contraints. Les prisonniers « sont là depuis leur en-fance, les jambes et le cou pris dans les chaînes »[15], nous dit Platon. Ils n'ont donc jamais pu se mouvoir. Ils sont dans une situation où il leur est impossible de même tourner la tête pour voir ce qui se trame dans leur dos, car ils pour-raient, ce faisant, démasquer les faux-semblants auxquels ils sont soumis. Ils n'ont donc aucune conscience de l'espace en tant que tel. Quelle signification, en effet, pourrait bien avoir l'espace pour celui qui ne s'est jamais déplacé ? La seule

---

[13] *Ibid.*, 516 d.

[14] Diogène Laërce, *Vies et doctrines des philosophes illustres*, livre IX, « Protagoras », 59.

[15] Platon, *La République*, 514 a-b.

dimension à laquelle ils aient accès est celle du temps : le défilement linéaire des ombres devant eux, les paroles des porteurs d'ustensiles qui se répercutent sur le mur qui leur fait face, ainsi que les jugements qu'ils portent sur les ombres, tout cela renvoie exclusivement à une dimension temporelle. On s'en rend bien compte lorsque Platon nous explique à quoi se mesure la compétence des prisonniers : « Celui qui discernait de l'œil le plus pénétrant les objets qui passaient, qui se rappelait le plus exactement ceux qui passaient régulièrement les premiers ou les derniers, ou ensemble, et qui par là était le plus habile à deviner celui qui allait arriver »[16]. Les qualités requises mettent l'accent sur le présent : « les objets qui passaient », le passé : « qui se rappelait », et le futur : « deviner celui qui allait arriver ». Il s'agit donc pour les prisonniers de prendre des repères temporels par rapport aux objets qui défilent. C'est par rapport à cette ligne du temps que tout se joue pour les prisonniers.

L'aspect circulaire du défilement est également à prendre en compte. Celui-ci est indiqué lorsque Platon précise : « ceux qui passaient régulièrement les premiers ou les derniers, ou ensemble, et qui par là était le plus habile à deviner celui qui allait arriver »[17] Les objets tournent en boucle, ils forment une suite logique que les prisonniers les plus compétents peuvent découvrir et qui, associée à l'enfermement dans la caverne, renforce l'idée d'un système clos sur lui-même.

Et la grande différence entre un discours focalisé sur le temps et un discours focalisé sur l'espace, c'est la contingence. Dans l'espace seul, les objets ne bougent pas, ils sont éternels et immuables. Si l'on rajoute la dimension temps, au contraire, le monde devient instable, insaisissable

---

[16] *Ibid.*, 516 c-d.
[17] *Ibid.*, 516 d.

dans son identité propre. Ce qui est le cas pour la sophistique où « les discours marchent du même pas que le temps. »[18]

Il faut enfin remarquer, à propos de l'extrait de l'allégorie concernant les prisonniers cité précédemment, que ceux-ci, tels que les présente Platon, ne semblent nullement souffrir de leur condition. Une saine émulation semble même se produire entre eux. La question se pose donc de savoir pour quelle raison ils envisageraient de quitter une situation dans laquelle ils communiquent positivement ensemble. La réponse de Platon tient en un mot, et dans ce mot il y a toute la philosophie, du moins dans sa version théorique, il s'agit de la « Vérité ». Vérité qui constituera paradoxalement la principale pierre d'achoppement de la philosophie théorique.

Le niveau critique

Situé au niveau intermédiaire ou -1, il correspond aux questions posées au prisonnier que l'on libère quand « on l'oblige à force de questions à dire ce que c'est »[19], et renvoie à la méthode pratiquée par Socrate ainsi que, plus largement, à la démarche critique en philosophie. C'est à ce niveau que se situe la pratique philosophique qui, à aucun moment, ne prétend méthodologiquement sortir de la caverne. La pratique philosophique, contrairement à la philosophie théorique, travaille *intra muros*, à partir des modèles de représentation des différents intervenants, ceux du philosophe praticien y compris. Il convient cependant de bien distinguer la méthode employée par Socrate, la maïeutique, de la dialectique

---

[18] Propos rapportés par Barbara Cassin du sophiste Ælius Aristide in Barbara Cassin, *L'Effet sophistique*, Troisième partie, II, « Rhétorique et fiction », p. 461.

[19] Platon, *République*, livre VII, 515 d.

qui en constitue la version platonicienne. Si toutes deux utilisent la question comme outil méthodologique, la maïeutique le fait uniquement à des fins aporétiques ou pour aider l'interlocuteur à « accoucher » de ses propres idées, de l'aveu même de Socrate, « accoucher les autres est contrainte que le dieu m'impose »[20], tandis que la dialectique s'en sert plutôt comme d'un moyen détourné pour conduire l'interlocuteur à accepter les thèses implicites de celui qui questionne. Elle se rapproche en ceci davantage, si l'on en croit Platon, de la méthode utilisée par Parménide : « la méthode interrogative, celle dont, en un jour lointain, Parménide usa lui-même, quand il développa des arguments merveilleux en la présence du jeune homme que j'étais »[21], que de l'art pratiqué par Socrate.

Si l'on peut considérer que chez Socrate, la question constitue une fin en soi, elle fait plus office de subterfuge méthodologique ou d'instrument rhétorique chez Platon. Aussi, si la pratique philosophique reconnaît l'art de la question comme principal outil méthodologique, c'est dans le sens où Socrate semble l'avoir pratiqué et non dans sa déformation à des fins théoriques telle que l'utilise Platon, sur le modèle de Parménide.

Le niveau théorique

Il s'agit du troisième et dernier niveau, qui correspond au niveau 0 ou niveau du sol. C'est le discours de Platon lui-même et de la philosophie théorique après lui. À l'extérieur de la caverne, le prisonnier libéré, qui est devenu un apprenti philosophe, découvre au travers du langage du concept, c'est-à-dire d'un langage vidé de toute intériorité, le discours de la vérité, c'est-à-dire un discours conforme à son objet,

---

[20] Platon, *Théétète*, 150 c.
[21] Platon, *Le Sophiste*, 217 c.

indépendamment du système de représentation dont il est issu. Il faut noter qu'à ce niveau le prisonnier se retrouve seul. Et c'est donc séparé de ses congénères qu'il a accès à la vérité. Vérité qu'il se verra bien incapable de leur transmettre si l'on en croit la fin de l'allégorie : « ne diraient-ils pas de lui que, pour être monté là-haut, il en est revenu les yeux gâtés, que ce n'est même pas la peine de tenter l'ascension »[22]. Ce dernier niveau est donc, de l'aveu de Platon lui-même, un échec sur le plan de la communication et c'est en ceci qu'en pratique philosophique nous le considérons comme inatteignable.

	LOGOS		
	Intra-philosophique		**Extra-philosophique**
USAGE	Théorique	Critique	Sophistique
FINALITÉ	Connaissance abstraite	Remise en question du modèle référent	Modification du mode de représentation de l'interlocuteur ou de l'auditoire
RÉFÉRENTS	Platon, Aristote	Socrate	Protagoras, Gorgias
	PHILOSOPHIE THÉORIQUE		
		PRATIQUE PHILOSOPHIQUE	

Les différents usages du logos

---

[22] Platon, *République*, livre VII, 517 a.

2. SOPHISTES *VS.* PHILOSOPHES : FRÈRES ENNEMIS ?

Qu'est-ce que j'entends au juste par sophistes ? Je me réfère tout d'abord à ce que l'on nomme la première sophistique qui se développe en Grèce au Vème siècle avant J.-C. et plus particulièrement aux figures de Protagoras et Gorgias en tant que cibles privilégiées de Platon et d'Aristote. Mais je ne limite pas pour autant ma définition à l'antiquité. Je considère en effet que tous ceux dont la profession consiste à faire usage du discours comme d'un moyen d'influencer le mode de représentation du destinataire, sa perception de la réalité, de s'en servir ou de le considérer comme servant à dissimuler une intention directrice sous-jacente – politiques, publicitaires, coachs, psychanalystes, etc. – sont dans leur prolongement direct. La tradition philosophique quant à elle nous représente le sophiste comme le double négatif du philosophe, son exact opposé, faisant usage d'un même outil, le *logos* ou discours-raison, mais à des fins radicalement différentes. L'un, le philosophe, s'en servant pour atteindre la vérité, tandis que l'autre, le sophiste, ne visant à travers lui que la manipulation, c'est-à-dire à produire une illusion de vérité, à donner à son discours une apparence suffisamment vraisemblable pour que ceux qui l'écoutent puissent s'y laisser prendre. Mais nous allons voir que cette distinction n'est pas aussi simple qu'il y paraît et qu'une certaine ambiguïté règne entre les deux personnages.

PARENTÉ

Une même méthode

Platon reconnaît lui-même une parenté dérangeante entre la méthode argumentative employée par les sophistes et sa propre méthode en ce qu'elles utilisent toutes deux l'art de la question à des fins critiques, et va même jusqu'à faire de la philosophie un dérivé de la sophistique : « Le présent argument nous est venu montrer, d'aventure, s'exerçant autour d'un vain semblant de sagesse, une méthode de réfutation en laquelle nous n'avons point à voir autre chose que l'authentique et vraiment noble sophistique. »[23]. La mauvaise sophistique, celle dénoncée par Platon, ne faisant que produire par son discours l'illusion de la vérité, tandis que la bonne, entendons ici la méthode dialectique qu'il préconise, est seule susceptible de nous conduire à la sagesse, c'est-à-dire à un discours vrai, en adéquation avec son objet.

Ce rapprochement entre dialectique, qui est la version platonicienne de la philosophie, et sophistique se trouve également fait par Aristote : « les dialecticiens et les sophistes, qui revêtent le même manteau que le philosophe »[24]. Les deux se servant en effet du *logos* comme outil argumentatif mais à des fins négatives, c'est-à-dire pour

---

[23] Platon, *Le Sophiste*, 231 b.
[24] Aristote, *Métaphysique*, Γ, 2, 1004 b, 15-20.

faire ressortir, au travers des questions qu'ils posent, les contradictions inhérentes aux propos de leurs interlocuteurs, provoquant ainsi une situation aporétique obligeant ces derniers à remettre en question leurs présupposés initiaux.

Un même style

Au niveau stylistique, c'est-à-dire au niveau de la forme que doit prendre le discours philosophique, nous retrouvons également, chez Aristote, cette ambiguïté entre sophistique et philosophie comme le signale la philologue Barbara Cassin : « Comme si la démonstration s'écartelait entre la clarté pure mais plate de la connaissance scientifique, et la clarté agrémentée mais contradictoire de la poésie et de la rhétorique. »[25] Le discours doit « empiéter » sur l'objet pour le donner à voir. Il ne peut, selon l'aveu d'Aristote lui-même, se contenter de dire simplement ce que sont les choses, et c'est là qu'il prend effectivement une certaine autonomie qui le rapproche davantage de la sophistique que de la visée idéale que voudrait en donner la philosophie, à savoir celle d'un discours en parfaite conformité avec son objet et donc neutre d'un point de vue stylistique.

ET DIVERGENCE

La métaphore de l'ombre et de la lumière

Le non-être, ou discours du faux, est associé métaphoriquement par Platon à l'obscurité, tandis qu'il associe l'être,

---

[25] Barbara Cassin, *L'effet sophistique*, III, 2, « Logiques de la fiction », p. 498.

ou discours vrai, à la lumière, opposant par là-même sophistes et philosophes :

> L'ÉTRANGER : Celui-ci [le sophiste] se réfugie dans l'obscurité du non-être, s'y adapte à force d'y vivre, et c'est à l'obscurité du lieu qu'il doit d'être difficile à saisir pleinement. Est-ce vrai ?
> THÉÉTÈTE : À ce qu'il semble.
> L'ÉTRANGER : Quant au philosophe, c'est à la forme de l'être que s'appliquent perpétuellement ses raisonnements, et c'est grâce à l'éclat dont resplendit cette région qu'il n'est, lui non plus, nullement facile à voir.[26]

Si sophistes et philosophes se rapprochent de nouveau ici dans la difficulté qu'il y a à les définir, Platon les distingue cependant en ce qu'il explique métaphoriquement cette difficulté par l'obscurité du sophiste et la trop grande clarté du philosophe. Et, effectivement, le philosophe est trop clair. Cette trop grande clarté est celle du concept qui se veut débarrassé de toute intériorité, vidé de sa substance, qui n'est plus que surface, contour lisse, limite, pure extériorité ; en tant que tel c'est un espace vide. Cette métaphore de l'ombre et de la lumière pour caractériser d'un côté l'irrationnel et de l'autre la raison est une constante dans nos modes de représentation. On la retrouve chez Aristote : « s'il n'en était pas ainsi, le monde viendrait de la Nuit, de la « confusion universelle » et du Non-Être »[27], mais aussi dans l'opposition bien connue entre philosophes des Lumières et libertins au XVIIIème siècle. Les philosophes des Lumières considérant la raison comme une fin en soi et également comme l'outil privilégié permettant de libérer les esprits de l'époque du joug de leurs préjugés, tandis que les libertins

---

[26] Platon, *Le Sophiste*, 254 a-b.

[27] Aristote, *Métaphysique*, Λ, 7.

s'en seraient servi uniquement comme d'un moyen pour duper leurs victimes et les utiliser à leurs propres desseins. Les libertins au XVIIIème siècle pouvant être rapprochés des sophistes de l'antiquité en ce que tous deux se situent, pour ainsi dire, « du côté obscur de la force », à savoir, ici, la raison.

L'utilisation récurrente de cette métaphore de l'ombre et de la lumière pour opposer l'intelligence à la confusion s'explique de manière assez évidente par notre nature diurne. C'est en plein jour, ou à la lumière, que l'homme prend ses repères, contrôle son environnement. Tandis que la nuit constitue pour lui un milieu hostile dans lequel il n'est pas à même de se déplacer.

L'espace et le temps

Le versant théorique de la philosophie a recours exclusivement à l'espace comme cadre définitionnel. Un lieu lui est sans cesse attaché, que ce soit l'Académie pour Platon, le Lycée pour Aristote, le Jardin pour Épicure, le Portique pour les stoïciens, etc. À l'opposé, la sophistique se déploie dans le temps. Les sophistes n'ont pas de lieu d'intervention qui leur soit propre, ce sont des itinérants. Ils nous sont décrits comme allant de cité en cité à la rencontre de leurs différents publics : « nous avons brossé deux conceptions du *logos* : l'ontologique, qui a pour matrice métaphorique l'espace [...]. La logologique[28], qui a pour matrice métaphorique le temps »[29]. Il en va de même pour la pratique philosophique qui intervient

---

[28] La *logologique* ou *discours pour le discours*, dont la fonction signifiante se limite au discours lui-même et caractérise la sophistique, par opposition à l'ontologique, ou discours de l'être, qui établit un lien entre le discours et l'être, et qui est le propre de la philosophie théorique.

[29] Barbara Cassin, *op. cit.*, III, 2, « L'acte de naissance de la seconde sophistique : Philostrate », p. 461.

dans les médiathèques, cafés, entreprises, maisons de retraite, prisons, écoles, etc. Les deux doivent donc adapter leurs discours aux différents publics qu'elles rencontrent. Aussi ce n'est pas tant le lieu que la notion de déplacement, et par extension celle de temps, qui est prioritaire pour caractériser aussi bien la sophistique que la pratique philosophique, par opposition à la philosophie théorique qui fait l'économie du temps comme vecteur de changement, et se définit uniquement dans l'espace, où les objets peuvent être appréhendés de manière immuable.

LE DANGER SOPHISTIQUE

La question de la vérité

Cette fluctuation permanente des concepts, propre à la sophistique, est incompatible avec la philosophie théorique. Pour Platon, elle en exclue la possibilité même : « On n'aura plus alors où tourner sa pensée, puisque l'on n'a pas voulu que la forme spécifique de chaque être garde identité permanente ; et ce sera là anéantir la vertu même de la dialectique. »[30]

Cette incompatibilité entre les deux disciplines se retrouve également chez Aristote par rapport à un point essentiel de sa pensée. Les sophistes, en effet, utilisent la contradiction comme outil méthodologique, ce qui déroge au principe fondamental de la logique aristotélicienne – et, par extension, de la logique tout court – selon lequel : « Il est impossible que le même attribut appartienne et n'appartienne pas en même temps, au même sujet et sous le même rapport »[31]. Qu'une chose puisse, simultanément, être et ne

---

[30] Platon, *Parménide*, 135 c.
[31] Aristote, *Métaphysique*, Γ, 3.

pas être, implique qu'il n'y a plus d'identification possible, que le discours n'est plus susceptible de dire ce qui est, mais que tout et son contraire sont également acceptables : « ce qui revient à dire que ce qui paraît à chacun est la réalité même. S'il en est ainsi, il en résulte que la même chose est et n'est pas, est à la fois bonne et mauvaise, et que toutes autres affirmations opposées sont également vraies. »[32]

Nous voyons donc que la philosophie théorique s'est posée, dans un premier temps, en assimilant discours et être et, dans un deuxième temps – ce qui en découle – que le discours ne saurait être auto-contradictoire sans mettre à mal cette logique inhérente au discours philosophique lui-même. La sophistique, en réfutant le postulat de Parménide d'identification entre être et pensée, ainsi qu'en dérogeant dans sa méthode argumentative au principe de contradiction se place donc délibérément hors du champ philosophique et la pratique philosophique, pour éviter tout glissement vers l'enseignement théorique, se doit d'emprunter la même voie.

L'orientation sophistique

La sophistique marque une rupture avec la philosophie en ne reconnaissant pas la pertinence du postulat de Parménide, soit de l'adéquation entre le discours et l'être : « Les sophistes [...] réfutent l'abstraction vide de l'être éléatique par la considération des choses effectives, de la réalité du monde sensible et vivant. »[33]. Le discours sophistique, contrairement au discours philosophique vaut pour lui-même, et non pour ce qu'il est censé nous dire sur le réel. Et c'est en cela que la sophistique représente un danger pour la

---

[32] Aristote, *Métaphysique*, K, 6, 1062 b.
[33] Barbara Cassin, *op. cit.*, I, 1, « Gorgias critique de Parménide : empirisme ou rhétorique ? », p. 23.

philosophie. En remettant en question la portée ontologique du discours, elle la menace dans sa définition même. Car c'est à la condition *sine qua non* de ce postulat que la philosophie peut prétendre se démarquer d'une pure et simple sophistique. Je suis ici la thèse de Barbara Cassin dans *L'effet sophistique* qui, s'appuyant sur le commentaire du *Parménide* de Heidegger, observe que : « le matin grec installe au cœur de *l'alêtheia* une coappartenance entre l'être, le dire et le penser qui constitue l'espace même de ce qui s'appelle pour les siècles « ontologie ». »[34] Pour préciser ensuite que son :

> [...] premier choc philosophique, aura été que la sophistique fût, dans tous les sens, *réfractaire* à cette perception [...] Dans le *Traité du non-être* de Gorgias, il s'agit [...] d'un tout autre rapport entre l'être et le dire. Gorgias manifeste comment le poème [de Parménide] est lui aussi [...] une performance discursive : [...] il produit bel et bien son objet, jusque dans et par la syntaxe de ses phrases. L'être, de manière radicalement critique par rapport à l'ontologie, n'est pas ce que la parole dévoile mais ce que le discours crée, « effet » du poème comme le héros « Ulysse » est un effet de l'*Odyssée*. Si la philosophie veut réduire la sophistique au silence, c'est sans doute parce qu'à l'inverse la sophistique produit la philosophie comme un fait de langage.[35]

On le voit, le discours sophistique fait advenir par lui-même, mais n'est pas coextensif à l'être ; il n'a pas pour fonction, comme le voudrait le discours philosophique, d'établir une connexion transcendantale avec l'essence de l'objet visé. Ce qui est remarquable ici, c'est que l'être est réduit à un simple effet du discours, « l'être est un effet de

---

[34] *Ibid.*, Introduction, « Constitution-exclusion : de la première à la seconde sophistique », p. 13.
[35] *Ibid.*

dire »[36], et perd donc toute valeur ontologique, faisant disparaître par là-même la question de savoir si ce que dit le discours est vrai puisqu'il n'y a plus aucune connexion nécessaire avec un hypothétique réel, contrairement à la philosophie théorique qui prétend atteindre par le *logos* à la réalité substantielle des choses[37], un arrière-monde que le discours donnerait à voir, c'est-à-dire en faire un outil qui transcende la simple fonction de communication interindividuelle du langage usuel, pour rendre compte de manière adéquate de ce *monde-déjà-là* que l'homme a trouvé en arrivant, de cette *materia prima* sur laquelle la culture est venue se greffer comme une superstructure. Le *logos* sophistique se limite à une communication *intra muros*, à l'intérieur d'un système de communication donné, sans prétendre en excéder le cadre, sans prétendre à une quelconque valeur de vérité au-delà du modèle référent considéré. Le *logos* philosophique s'affirme comme un discours-monde, le *logos* sophistique comme un discours de société, « le physique que la parole découvre fait place au politique que le discours crée. »[38] La pratique philosophique, en ce qu'elle s'intéresse plutôt à la mise en forme du discours lui-même par les différents publics ou interlocuteurs qu'elle rencontre, qu'à la réalité effective du *substratum* visé, à l'objet en deçà – le discours en lui-même constituant la seule matière nécessaire à l'approfondissement des différentes logiques en présence –, se rapproche davantage, ici encore, de l'usage sophistique du discours.

---

[36] *Ibid.*, I, 2, « Le grand dynaste », p. 73.

[37] Ce qui est, comme on l'a vu, contradictoire. Le concept vidant l'objet de sa substance pour lui donner une portée universelle.

[38] *Ibid.*, II, « Une logique politique », p. 152. Politique est entendu ici au sens large de ce qui renvoie à la société, au corps social. Le discours a ici pour fonction de tisser des liens entre les hommes, d'en constituer l'identité culturelle.

RAPPROCHEMENT ENTRE SOPHISTIQUE ET PRATIQUE PHILOSOPHIQUE

C'est d'abord en tant que performance – terme entendu aussi bien au sens artistique, qu'à celui que lui attribue Chomsky, et également au sens que lui donne Austin – que pratique philosophique et sophistique se rapprochent l'une de l'autre.

La performance

Happening

Il faut considérer la pratique philosophique, dans le cadre des exercices de groupe surtout, comme tenant plus de la performance au sens artistique du terme et, plus précisément, d'un happening – en tant que l'exercice se verra chaque fois renouvelé dans sa forme particulière et dont l'originalité par conséquent devra être mise en valeur – que d'un cours théorique au sens habituel du terme, c'est-à-dire d'une forme fixe pouvant être reproduite à volonté, indépendamment de ses conditions particulières de réalisation. Mais, contrairement à l'*epideixis* sophistique (« les sophistes sont dits avoir un domaine d'excellence : l'*epideixis*. C'est d'abord en un sens très général que l'*epideixis* est le nom traditionnel du *one man show sophistique* »[39]), en pratique philosophique, il n'incombe pas au seul philosophe praticien de « faire le spectacle ». C'est d'un travail en groupe, d'une mise en commun de la pensée, d'une interaction entre le philosophe praticien et ses différents interlocuteurs, que devra naître l'originalité de l'exercice.

---

[39] *Ibid.*, II, 2, « Orthodoxie et création des valeurs : l'éloge », p. 195.

Improvisation

En tant qu'il occupe une position socratique ou d'ignorance, le philosophe praticien ne peut se prévaloir d'aucun savoir à proprement parler lors de ses interventions. Il risquerait sinon de glisser du côté de l'enseignement théorique. Il n'affiche donc *a priori* aucune compétence particulière quant au discours qu'il pourrait tenir et n'a donc d'autre choix que de privilégier l'improvisation, le *hic et nunc*. C'est-à-dire qu'il sera davantage soucieux des conditions particulières de réalisation de l'exercice, que d'un savoir qu'il voudrait ou trouverait l'opportunité de transmettre. Allant à la rencontre d'un public plutôt que le public ne vient à lui, c'est sur la singularité du groupe et sur la nature particulière des différentes interventions qu'il devra mettre l'accent. Aussi s'intéressera-t-il plus spécialement aux réactions inattendues, aux remarques inappropriées, aux illogismes apparents, etc., se rapprochant ici du sens que Chomsky donne au mot performance, à savoir : « l'emploi effectif de la langue dans des situations concrètes »[40] et, plus loin, « la parole naturelle comportera des faux départs, des infractions aux règles, des changements d'intention en cours de phrase, etc. »[41], qu'il cherchera à approfondir plutôt qu'il n'essaiera de suivre un fil conducteur et de n'exploiter parmi les différentes prises de parole que les éléments qu'il pourrait récupérer dans son sens. « L'improvisation est en effet un élément clef qui permet de ressaisir tout un ensemble de caractéristiques du *logos* sophistique. »[42], déclare Barbara Cassin à propos de la sophistique et que nous reprenons à notre compte en pratique philosophique. Une même thé-

---

[40] Chomsky, *Aspects de la théorie syntaxique*, I, 1, p. 12.

[41] *Ibid.*, p. 13.

[42] Barbara Cassin, *op. cit.*, III, 2, « L'acte de naissance de la seconde sophistique : Philostrate », p. 461.

matique se verra ainsi traitée de manière radicalement différente d'un groupe à un autre, suivant la manière qu'aura chacun d'eux de réagir ; l'intervention initiale parmi les participants conditionnant l'ensemble du déroulement de la séance et l'orientant dans sa singularité.

Performativité

Mais, comme le fait remarquer Barbara Cassin : « le discours sophistique n'est pas seulement une performance […], c'est de part en part un performatif au sens austinien du terme : « How to do things with words » : il est démiurgique, il fabrique le monde, il le fait advenir »[43] En effet, si la sophistique fait l'impasse sur le postulat ontologique de Parménide d'assimilation entre le discours et l'être, le monde se limite alors à la somme des représentations que nous en avons. En influençant ces représentations par le discours, le sophiste modifie donc notre perception du monde, et par extension le monde lui-même. Il fait véritablement advenir un nouveau monde pour ceux que son discours persuade.

Le *pharmakon*

Si le discours sophistique n'est, par définition, ni vrai ni faux, s'il ne prend pas en considération le rapport entre le nom et une hypothétique réalité sous-jacente, à quoi sert-il en définitive et quelle est sa fonction ? La critique fréquente que l'on fait à la sophistique, et que l'on peut étendre à la pratique philosophique, est celle de produire un discours creux, vide de substance, et qui ferait illusion uniquement par sa maîtrise des techniques oratoires. Mais c'est à cet endroit, précisément, qu'il faut inverser les polarités et produire ce que Kant appelle une révolution co-

---

[43] *Ibid.*, I, 2, « Le grand dynaste », p. 73.

pernicienne[44], car si le discours, entendu au sens sophistique ou pratique philosophique, ne dit rien sur ce dont il parle, il nous renseigne par contre, et ce de manière particulièrement significative, sur la façon de penser de celui qui s'exprime. Aussi le rôle du philosophe praticien ne se limitera-t-il pas à un simple approfondissement, selon des critères objectifs empruntés aux méthodes d'analyse traditionnelles de la philosophie, du sens des termes mis en jeu par l'exercice, mais consistera bien plutôt à travailler sur les différentes logiques en présence, d'en éprouver la cohérence, d'en faire apparaître les présupposés, ainsi que les fragilités inhérentes, donnant ainsi l'occasion aux différents participants de remettre en question leurs modes de pensée habituels, de la même manière que le sophiste Protagoras se présente comme un médecin de l'âme, produisant par son discours des changements d'état, faisant passer d'un état de mal-être résultant des contradictions internes de son interlocuteur dans la façon qu'il a de se représenter les choses, à un état de mieux-être. Le *logos* agit donc, ici, comme un *pharmakon*, un remède ou un poison suivant le dosage que l'on utilise, un médicament :

[…] Voici par quoi, au contraire, je définis le sage : toutes choses qui, à l'un de nous, apparaissent et sont mauvaises, savoir en invertir le sens de façon qu'elles lui apparaissent et lui soient bonnes. […] Rappelle-toi, par exemple, ce que nous disions précédemment : qu'au malade un mets apparaît et est amer qui, à l'homme bien portant, est et apparaît tout le contraire. Rendre l'un des deux plus sage n'est ni à faire ni, en réalité, faisable ; pas plus qu'accuser d'ignorance le malade parce que ses opinions sont de tel sens et déclarer sage le bien portant parce que les siennes sont d'un autre sens. Il faut faire l'inversion des états ; car l'une de ces dispositions vaut mieux que l'autre. De même, dans l'édu-

---

44 Cf. Kant, *Critique de la raison pure*, préface de la 2nde édition, p. 49.

cation, c'est d'une disposition à la disposition qui vaut mieux que se doit faire l'inversion : or le médecin produit cette inversion par ses remèdes, le sophiste par ses discours. D'une opinion fausse, en effet, on n'a jamais fait passer personne à une opinion vraie ; car l'opinion ne peut prononcer ce qui n'est point ni prononcer autre chose que l'impression actuelle, et celle-ci est toujours vraie. Je pense, plutôt, qu'une disposition pernicieuse de l'âme entraînait des opinions de même nature ; par le moyen d'une disposition bienfaisante, on a fait naître d'autres opinions conformes à cette disposition ; représentations que d'aucuns, par inexpérience, appellent vraies ; pour moi, elles ont plus de valeur les unes que les autres ; plus de vérité, pas du tout.[45]

Le discours a en lui-même un effet performatif sur l'état d'esprit de celui qui l'écoute. Le discours influence, modifie l'état d'esprit de l'auditeur. Mais c'est un travail de longue haleine dont l'efficacité est difficile à jauger car elle se perd dans le dédale des autres influences que chacun reçoit en permanence de l'extérieur. Il ne faudrait donc pas croire qu'il suffise d'assister à un atelier ou à une consultation individuelle pour changer profondément et ce de manière durable. Les participants sont invités à travailler sur plusieurs séances à leur propre remise en question, à la mise à plat de leurs systèmes de valeurs, de leur façon de se représenter les choses, pour en saisir les fragilités, ou incohérences, à partir de leur propre logique et non de celle que pourrait leur apporter de l'extérieur le philosophe praticien. Cette idée de *pharmakon* constitue un apport conséquent de la sophistique à la pratique philosophique à une différence près : le philosophe praticien travaille en effet sur la restructuration des modes de pensée de ses interlocuteurs mais en

---

[45] Discours rapporté du sophiste Protagoras par Platon dans *Théétète*, 166 d-167 b.

fonction de la logique propre de ceux-ci. Son travail consiste, à travers les propos échangés, à s'adapter, à comprendre, à décrypter le mode de fonctionnement de chacun des participants, la façon qu'a chacun de penser son monde, ses référents constitutifs, afin d'y produire des contradictions intrinsèques et de leur permettre de se remettre en question. Tandis que le sophiste s'exprime seul face à son public. La sophistique est un art du monologue et, par ce côté, elle se rapproche davantage de l'enseignement philosophique traditionnel. Le sophiste prétend, par la qualité de son discours, par sa maîtrise rhétorique, influencer ceux qui l'écoutent et améliorer leur façon de penser : « le sophiste ne transforme pas le faux ou l'opinion en moins faux ou en vérité, il transforme les « états », et fait passer du « moins bon » au « meilleur »[46]. C'est-à-dire que là où la pratique philosophique se caractérise par un échange dialogique entre le philosophe praticien et son ou ses interlocuteurs – le philosophe praticien apportant sa méthode critique et le ou les interlocuteurs ce qu'ils prétendent savoir, les matériaux de leur propre monde –, la sophistique reste un art du monologue du maitre en direction de ceux qu'il entend réformer selon des critères qui lui sont propres.

En tant que *pharmakon*, la pratique philosophique se rapproche considérablement des différentes formes de psychothérapies. Comme nous l'avons vu le sophiste, et par extension le philosophe praticien, se donne pour tâche de guérir ses interlocuteurs des difficultés logiques qu'ils rencontrent dans la façon qu'ils ont de percevoir leur monde, les incohérences auxquelles ils doivent faire face dans leur mode de représentation habituel. Le discours constitue ici le remède en proposant un autre discours, une alternative, à ce qui est apparu comme problématique, même

---

[46] Barbara Cassin, *op. cit.*, I, 1, « Gorgias critique de Parménide : empirisme ou rhétorique ? », p. 25.

si, dans le cas de la pratique philosophique, ce discours de remplacement sera construit uniquement à partir des matériaux dont dispose l'interlocuteur, et non, dans quelque mesure que ce soit, des connaissances propres au philosophe praticien. On retrouve ici dans son sens le plus pur l'expression socratique d' « accoucheur d'âmes », où il s'agit uniquement d'aider les idées à naître, de se mettre au service de celui que l'on interroge et non d'essayer d'introduire les siennes.

La pratique philosophique n'a donc pas une visée cognitive à proprement parler, dans le sens où l'argumentation logique nous permettrait d'élaborer une signification pleinement satisfaisante pour la raison des concepts considérés. Ce n'est pas par des exercices d'une durée relativement limitée que le philosophe praticien peut prétendre faire émerger un sens qui aille au-delà des conditions particulières d'effectuation de ceux-ci. Le sens donné aux concepts mis en jeu dans la discussion sera restreint par la tournure particulière que prendront les échanges, le temps que durera l'exercice. Ce qui explique que, d'un atelier à l'autre, une même question puisse être traitée de manière radicalement différente en fonction des différentes réactions de chacun des interlocuteurs. Le travail consiste donc, non pas tant à aller chercher un sens définitif aux concepts interrogés, mais bien plutôt à approfondir, au moyen des concepts mis en jeu, le mode de représentation de chacun des participants afin d'en éprouver la cohérence. L'objectif étant que les participants assument de manière plus conséquente leurs propres points de vue qui ne se réduisent souvent qu'à de simples opinions dont ils ignorent l'origine.

3. L'ESPACE PHILOSOPHIQUE ET LE TEMPS SOPHISTIQUE

> *La philosophie est une sophistique de l'espace, la sophistique une philosophie du temps.*

Sur le modèle de l'allégorie de la caverne, il semblerait à première vue pertinent d'associer l'espace à la philosophie et à l'extériorité, par opposition au temps qui renverrait davantage à la sophistique et à l'intériorité. Mais cette classification ne va pas sans poser problème quand on pousse un peu plus loin l'analyse, les différents termes mis en jeu, notamment ceux d'intériorité et d'extériorité, ne cessant de se substituer, de permuter l'un avec l'autre. C'est à ce jeu dialectique que nous allons maintenant nous essayer.

ESPACE	TEMPS
Extériorité	Intériorité
Philosophie	Sophistique

L'ESPACE PHILOSOPHIQUE

L'espace, au niveau de notre représentation usuelle, est un concept à trois dimensions que nous utilisons pour nous repérer dans l'extériorité, à la différence du temps qui est donné comme métaphoriquement linéaire ou unidimensionnel et qui renvoie à l'intériorité. Je reprends ici la distinction classique opérée par Kant dans la partie consacrée à l' « Esthétique transcendantale » de la *Critique de la raison pure*, à savoir que : « Le temps ne peut pas être intuitionné extérieurement, pas plus que l'espace ne peut l'être comme quelque chose en nous.»[47] Distinction qui ne va pas sans soulever certaines difficultés.

A priori, en effet, quand nous parlons d'espace, nous parlons du dehors, et quand nous parlons du temps, nous renvoyons à l'intériorité, au monde du dedans – ce qu'il est déjà moins évident de se représenter –. D'autant plus que ces notions d'espace et de temps, et surtout celles d'extériorité et d'intériorité que j'y associe (de monde extérieur et de monde intérieur) ne vont cesser de jouer dialectiquement l'une avec l'autre, l'extérieur se muant en intérieur et vice versa, dans l'analyse que je vais en donner ; ces permutations ayant pour principal intérêt, d'un point de vue méthodologique, de mettre la pensée en mouvement, d'activer le processus réflexif. Pour faire une parenthèse

---

[47] Kant, *Critique de la raison pure*, « Esthétique transcendantale », première section, « De l'espace », « Exposition métaphysique de ce concept », p. 90.

sur l'exercice philosophique tel que je le conçois, on peut considérer celui-ci réussi quand, à partir d'une idée sur laquelle les différents participants s'accordent au départ, cette dernière va évoluer imperceptiblement au cours des échanges jusqu'à produire en définitive l'exact opposé de ce qui apparaissait pourtant comme évident au départ. Un peu comme si l'on réussissait, de manière totalement imprévue, à déséquilibrer un culbuto. L'utilité d'un tel renversement est de produire au niveau du mode de représentation des différents participants une sorte de « bug interprétatif » qui est la condition fondamentale de toute activité de réflexion authentique, résultant de la mise en échec des présupposés engagés, méthode qui appartient à l'origine aux sophistes[48].

Pour revenir à la question de l'espace et en faire la démonstration, il me suffit pour ça de me déplacer, de quitter ma chaise, et de faire quelques pas. L'espace, on le voit, est là où j'agite les bras. Là justement où il n'y a rien. Si je dis que, dans la pièce où je me trouve, il y a de l'espace pour se mouvoir, cela sous-entend que la pièce n'est pas encombrée. Mais qu'est-ce qui pourrait l'encombrer ? C'est un corps. Et en retournant m'asseoir, il se peut justement que je bute contre quelque chose, le pied de la table par exemple. Le corps remplit l'espace, il occupe un certain espace, mais il n'est pas lui-même de l'espace. Je ne parle pas ici d'un espace scientifique, je ne suis pas dans une approche scientifique de l'espace, je parle simplement de notre représentation usuelle, celle que nous utilisons dans la vie de tous les jours, celle d'un espace à taille humaine. Donc dans cet « espace vide », comme on pourrait le nommer, dans lequel je vois, ou en tout cas je repère un corps, où je me heurte à lui, celui-ci apparaît comme un obstacle. Pour formuler une tautologie : dans un espace plein de corps, il n'y a plus

---

48 Cf. Platon, *Le Sophiste*, 230 b - 231 a.

d'espace et, inversement, dans un pur espace, il n'y a pas de corps. Il semblerait donc, à première vue, que le corps et l'espace s'excluent mutuellement.

Mais, d'un autre côté, nous ne connaissons jamais les corps que superficiellement. Dans l'espace, dans un espace ouvert, non clos par une matérialité quelconque, nous nous situons *a priori* à l'extérieur. Et j'ai dit que le corps s'opposait à l'espace. Mais le corps c'est quoi ? Eh bien, le corps, tel que l'on l'appréhende, tel que l'on le voit, c'est aussi de l'espace. C'est aussi de l'espace parce que nous n'en saisissons que sa forme extérieure, son enveloppe, sa « peau », « le plus profond, c'est la peau. », nous dit Deleuze[49], empruntant à Paul Valéry. Sa matière, son intériorité, demeure, au niveau de la perception que nous en avons, hors d'atteinte. On pourrait rétorquer qu'il n'y a qu'à couper la pomme ou la poire en deux et regarder à l'intérieur ce qui s'y trouve. Mais même si l'on coupe la pomme ou la poire en deux et ainsi de suite, nous nous contenterons de faire, de ce que nous appelions l'intériorité, une nouvelle extériorité. C'est-à-dire que nous n'aurons jamais accès qu'à la surface externe d'une partie interne, mais que nous ne verrons jamais l'envers du décor, que nous n'aurons jamais accès à la face cachée de l'objet considéré, à sa face interne. Les physiciens connaissent bien ce problème, eux qui ont espéré, et dont certains espèrent peut-être encore, creusant toujours toujours davantage, atteindre au fameux *a-tome*[50], l'ultime particule insécable de la matière, qui soit à la fois intérieur et extérieur, ou plutôt – ce composant idéal n'étant plus divisible – qui ne soit que pure extériorité, révélant par là-même l'identité fondamentale de la sub-

---

[49] Gilles Deleuze, *Logique du sens*, « 2ème série de paradoxes, des effets de surface », p. 20.

[50] Du grec *a-tomos*, qui ne peut être tranché.

stance matérielle. Mais aussi loin qu'ils aient pu creuser, ils n'ont jamais atteint que le dehors de l'objet, ses diverses manifestations.

Qu'en est-il dans ce cas de l'intériorité ? Pour répondre à cette question, il serait bon déjà de commencer par se poser la question à soi-même. Ce que l'on appelle l'intériorité, c'est la conscience. Et un objet que l'on considère comme dénué d'intériorité est un objet sans conscience. Une pierre, par exemple, est un amalgame d'extériorités. Ce que je suis moi-même au plus profond de mon être, mon intériorité, s'identifie avec ma conscience. Après ça, mon corps tel qu'il m'apparaît, sa surface, c'est ce que j'appelle « mon plus proche objet extérieur ». Je n'ai pas accès à son intériorité, je n'ai pas accès à l'intérieur de mon corps. Même en anatomie, lorsque l'on dissèque un corps, on doit en extérioriser les différentes parties pour y avoir accès, l'ouvrir, l'exposer à la lumière, et donc faire de l'intérieur un extérieur.

Platon, dans l'allégorie de la caverne, nous invite à sortir. Il nous dit en substance : « Vous êtes en situation d'aliénation, vous êtes des prisonniers enchaînés depuis l'enfance dans un état de complète immobilité. Je vais vous faire sortir, je vais vous libérer. » Il y a dans ce passage une différence radicale entre deux moments : le moment de l'enchaînement, du côté statique des prisonniers, et le moment où le philosophe intervient, où il met en mouvement un des prisonniers pour le faire sortir à l'extérieur[51]. La question que je pose – et c'est ici que les notions d'intérieur et d'extérieur devraient normalement permuter –, est de savoir s'il s'agit bien d'une véritable sortie. Platon nous dit qu' « à la fin, je pense, ce serait le soleil, non dans les eaux, ni ses

---

[51] Comme on le verra juste après, cette expression n'est nullement un pléonasme de ma part.

images reflétées sur quelque autre point »[52] que contemplerait le prisonnier. Donc, selon toute apparence, celui-ci se trouve bien, à ce moment-là, à l'extérieur. En tout cas, la description s'apparente au monde du dehors tel que nous le connaissons. Mais Platon poursuit en disant que ce serait : « le soleil lui-même dans son propre séjour qu'il pourrait regarder et contempler tel qu'il est. »[53] Or, même si cette réflexion peut sembler triviale, il n'est pas possible, physiquement parlant, de regarder le soleil en face, sans s'en trouver presque aussitôt aveuglé. Et je ne pense pas qu'il en ait été pour les grecs de l'antiquité autrement que pour nous autres. Qu'à donc voulu dire Platon à travers cette image ? Que ce n'est pas de l'extérieur vraiment qu'il s'agit, mais de son propre système de pensée. Que le soleil dont il parle est un soleil métaphorique, qu'il s'agit en fait d'une représentation du concept de souverain bien, et que c'est ce dernier qu'il demande à l'apprenti philosophe de contempler. Et s'il le compare au soleil, c'est pour insister sur la difficulté qu'il y a d'accéder à sa propre vision – philosophique – des choses : « Quant au philosophe, c'est à la forme de l'être que s'appliquent perpétuellement ses raisonnements, et c'est grâce à l'éclat dont resplendit cette région qu'il n'est, lui non plus, nullement facile à voir. »[54] Mais si l'on se pose, à ce moment, la question de savoir si l'on est ou non sorti de la caverne, dans l'absolu il apparaît bien plutôt que non. Nous avons pénétré en fait dans un autre système de pensée, dans une autre caverne. Extrêmement lumineuse, extrêmement ensoleillée, si l'on veut – en tout cas au niveau de la richesse des images, des métaphores employées – mais cela reste un système clos qui se trouve n'être rien d'autre que le système platonicien lui-même. Il n'y a donc pas eu

---

[52] Platon, *La République*, 516 b.

[53] *Ibid.*

[54] Platon, *Le Sophiste*, 254 b.

de véritable sortie au-dehors. Sortir au-dehors, si l'on suit le modèle de l'allégorie, cela revient à quitter le corps pour l'espace, pour se retrouver dans une extériorité pure. Mais qui voudrait d'une telle possibilité ? Rappelons que dans l'espace considéré en lui-même, il n'y a pas de corps et donc pas de repères. Ce qui permet de se positionner dans l'espace, c'est le corps. Mais dans l'extériorité pure, il n'y a plus de corps en tant que celui-ci se caractérise justement par le fait de posséder une intériorité. Il n'y a plus même d'espace, la perception de l'espace se faisant par différenciation d'avec le corps. Qui voudrait sortir dans un monde sans repères, à supposer même que ce soit possible ? Aujourd'hui plus qu'hier le monde est quadrillé de toute part, il ne reste plus de territoires vierges, d'espaces non délimités, non cartographiés. Et, de toutes façons, celui qui voudrait sortir cesserait par là-même aussitôt d'être un homme. Pour reprendre Aristote, celui qui vit à l'extérieur, celui qui vit en dehors du système, est : « soit une bête soit un dieu »[55]. Il n'aurait plus aucun référentiel. Imaginez que vous soyez perdu au fin fond de l'espace. Imaginez que vous soyez perdu en pleine mer, flottant sans bouée, sans aucun repère, sans aucun point fixe auquel vous raccrocher, dans un milieu étranger, un véritable dehors. C'est une situation humainement invivable. Alors pourquoi nous y inviter ? Pourquoi Platon nous dit-il que nous, les prisonniers, devons sortir ? Tout le monde le sait, il n'y a pas besoin d'aller bien loin pour savoir que vivre au-dehors est une souffrance, que ce n'est pas humain, que l'homme en tant qu'identité culturelle vit à l'intérieur, se définit au travers d'un modèle de pensée. En fait, le modèle occidental nous a toujours poussé à sortir, d'une manière ou d'une autre, du système. Cela fait partie de ses arguments de vente. Seulement, ce qui se passe, et c'est là encore une fois le principal pro-

---

[55] Aristote, *Politique*, I, 1253 a.

blème que pose l'espace dans l'utilisation courante que l'on en fait, c'est que quand l'homme, l'occidental tout au moins, sort dans l'espace, il y plante ses jalons. Il y pose ses limites. Or comment appelle-t-on un espace dans lequel on a pris ses repères, un espace que l'on a circonscrit, délimité ? on appelle cela une nouvelle intériorité. Nous sommes *dans* un nouveau lieu. Nous sommes dans une salle, dans une ville, dans un champ. L'homme fait de tout espace qu'il foule une nouvelle intériorité. Il ne vit pas, en tant qu'identité culturelle, il ne lui est pas loisible de vivre à l'extérieur. Il vit toujours dans sa caverne, aussi rudimentaire soit-elle, et, plus précisément, dans un jeu dialectique permanent entre intérieur et extérieur. Il n'y a, en définitive, pas véritablement d'espace dans lequel l'homme puisse se définir, d'espace entendu dans un sens strict comme extériorité pure : l'homme fait de tout espace une intériorité.

LE TEMPS SOPHISTIQUE

Le temps renvoie à l'intériorité. Comme l'écrit Ricœur : « Le temps est la conscience même. »[56] Je peux dire effectivement que mon corps, en tant que mon plus proche objet extérieur, occupe un certain volume, un certain espace. Qu'en est-il maintenant de ma conscience ? De ce que je suis dans l'intimité de mon propre moi ? Je ne peux pas la localiser précisément, l'extérioriser. Ma conscience n'occupe pas, à proprement parler, d'espace. Je ne peux pas la situer. Je peux dire qu'elle est diffuse, qu'elle doit se trouver quelque part à l'intérieur de mon corps, plutôt dans la région de la tête. À moins qu'à cet instant précis je ne me brûle la main et que toute ma conscience y bascule d'un coup tant que durera le pic intense de la douleur. La seule

---

[56] Paul Ricoeur, *À l'Ecole de la Phénoménologie*, p. 28.

dimension, qui est le pendant interne de l'espace externe, cette dimension linéaire qui est celle de la conscience, c'est le temps. C'est-à-dire que de la même façon qu'il n'est pas possible de substituer un corps à un autre dans l'espace, il n'est pas possible de substituer une idée à une autre dans le temps. Pour le dire plus simplement, je ne peux pas penser en même temps à deux choses différentes. Une idée en remplace une autre sur cette ligne métaphorique, sur cette mono-dimension, que nous appelons temps, la dimension interne, qui est celle de ma conscience.

Cette dimension temporelle est associée par Platon à ce qui se passe à l'intérieur de la caverne. Comment les prisonniers y prennent-ils conscience de leur monde ? Rappelons qu'ils sont privés de mouvement. Ils sont en position statique depuis l'enfance. Ils n'ont pas accès et donc n'ont pas idée, *a priori*, de l'espace qui les entoure. Pour eux, cela ne veut rien dire. On pourrait objecter que si, qu'ils voient un espace réduit, celui de l'écran, du mur éclairé qui leur fait face. Qu'ils voient des objets qui défilent en deux dimensions. Seulement Platon n'insiste pas sur cet aspect et je ne suis pas convaincu que pour quelqu'un qui ne s'est jamais déplacé, pour quelqu'un d'immobile, un espace même bidimensionnel représente un quelconque intérêt. Sur quoi insiste en revanche le texte ? Sur les critères à partir desquels les prisonniers s'évaluent les uns les autres : « aux récompenses accordées à celui qui discernait de l'œil le plus pénétrant les objets qui passaient, qui se rappelait le plus exactement ceux qui passaient régulièrement les premiers ou les derniers, ou ensemble, et qui par là était le plus habile à deviner celui qui allait arriver »[57]. « Les objets qui passaient » : **présent**. Et « qui se rappelait le plus exactement » : **passé**. « le plus habile à deviner » : **futur**. Voilà comment Platon les décrit, voilà leur mode cognitif, la fa-

---

[57] Platon, *La République*, livre VII, 516 c-d.

çon qu'ils ont de se repérer dans leur monde. Ils jugent d'après le temps. Platon nous dit donc bien que dans la caverne la dimension maîtresse est celle du temps, celle de l'intériorité. À l'intérieur du système, on est dans le temps. À l'extérieur, on est dans l'espace. C'est la première raison pour laquelle j'associe les sophistes au temps, parce qu'ils appartiennent au système.

La seconde est historique. En effet, les sophistes nous sont présentés, dans les textes qui y font référence, comme des personnages itinérants, venus d'ailleurs, d'une autre cité, ne cessant de se déplacer et prononçant un discours variable en fonction des différents publics auxquels ils sont confrontés. On ne peut pas fixer le sophiste alors que le philosophe est rattaché à un lieu qui lui est propre : Athènes pour Socrate, l'Académie pour Platon, le Lycée pour Aristote, etc. Le philosophe est un sédentaire aussi bien par la pensée que par l'endroit où il exerce, le sophiste en est son équivalent nomade. On pourrait me rétorquer que les sophistes étant présentés comme en constant déplacement, la notion d'espace leur correspond mieux qu'aux philosophes. Sauf que leurs déplacements constants, ainsi que la variabilité de leurs discours, vont à l'encontre de l'idée même de limite. Et l'illimité ce n'est pas l'espace, c'est le temps.

4. LA MAÏEUTIQUE : MÉTHODE CRITIQUE OU STRATÉGIE RHÉTORIQUE ?

Avant de commencer à traiter le sujet de ce chapitre qui concerne la maïeutique ou méthode critique utilisée à l'origine par Socrate, je voudrais revenir quelque peu sur le chapitre précédent où j'ai nettement distingué l'intériorité, représentée par la caverne, qui est le lieu, comme je l'ai dit, de la sophistique et du temps, de l'extériorité comme associée plus spécifiquement à la philosophie théorique et à la notion d'espace. Mais on a vu que cette distinction entre intériorité et extériorité n'était pas aussi simple qu'il y paraissait et que les deux concepts ne cessaient de permuter l'un avec l'autre, l'extériorité se muant en intériorité et vice-versa. On a vu que l'homme ne pouvait se positionner dans l'extériorité, c'est-à-dire dans l'espace, qu'en y prenant des repères. Qu'un espace sans repères était hors de notre portée. À partir du moment où l'homme sort dans l'espace, explore un nouveau territoire, il y pose ses jalons et en fait par là-même automatiquement une nouvelle intériorité. Il n'est pas possible, d'un point de vue strictement logique – et c'est bien de logique qu'il s'agit ici, de discours, de communication intrasystémique – pour l'homme de sortir à l'extérieur et de conserver cependant son identité propre, en tant que culturellement acquise. Il ne peut paradoxalement que *sortir à l'intérieur*. Il ne connaîtra donc jamais, à proprement parler, l'espace comme extériorité pure. Nous nous situons toujours *dans* un certain espace. Le reste est un *no man's land*.

Le pendant, c'est cette intériorité qui elle-même joue dialectiquement avec le concept d'extériorité puisque l'intériorité, si je veux la connaître, c'est-à-dire si je veux en prendre conscience, je suis obligé, pour savoir ce que je suis en mon for intérieur – la seule forme d'intériorité qui nous soit directement accessible – d'y prendre des repères et que ces repères me viennent du dehors, de ce que l'on m'a inculqué. Je les tire de référents externes. Pour me connaître, pour me comprendre, je suis obligé de me mettre à distance de moi-même pour m'observer comme de l'extérieur. Je n'ai pas accès à mon intériorité brute, comme nous n'avons pas accès à l'extériorité pure. Pour en prendre conscience, je dois la nommer et, en la nommant, je dois emprunter des concepts qui ne m'appartiennent pas en propre, qui me viennent du dehors et qui vont me servir de repères, ce qui aura pour conséquence, comme le dit Bergson à propos du temps mathématique, de spatialiser mon intériorité, d'en faire une extériorité. Intérieur et extérieur sont donc, en eux-mêmes, inatteignables. L'extériorité, comme l'intériorité, considérées en tant que valeurs absolues, l'homme ne peut les atteindre, cela dépasse ses capacités. Ce sont deux pôles ou limites qu'il n'est pas en son pouvoir d'appréhender concrètement, cela ne reste que de purs fantasmes théoriques. Je les définis donc comme deux concepts relatifs l'un à l'autre qui ne fonctionnent que dans ce jeu de permutation permanente. Ceci est essentiel non seulement sur un plan philosophique, mais aussi sur le plan humain en général car c'est là la position même de notre identité. Nous sommes pris dans ce mouvement dialectique permanent de circulation entre l'intérieur et l'extérieur. Je considère ce lieu intermédiaire, instable, ce palier, pourrait-on dire, entre le dedans et le dehors, comme le lieu même de l'homme dont il n'a jamais bougé. Et c'est pour cela que j'utilise la caverne comme support d'analyse, parce que la caverne nous raconte, entre autres, l'histoire de ce passage difficile, problématique, entre le monde du dedans, soumis au règne du temps, et le monde du dehors, soumis aux règles de l'espace. Donc, ce sont ces deux pôles, l'intérieur sophistique, temporel, dans lequel on ne peut pas véritablement prendre de repères puisque le temps les rend instables, qu'il n'est pas possible de s'y positionner durablement, et l'extérieur, un espace pur, qui permet la prise de repères efficaces mais qui, en faisant l'économie du temps, manque le mouvement vital, la vie. C'est-à-dire que le monde réel bouge, tandis que dans l'espace théorique, ce n'est pas le cas. Ce qui pose un véritable problème.

Pour revenir à l'allégorie de la caverne, nous y observons plusieurs niveaux : il y a le niveau profond, temporel et obscur, celui du temps. Il y a un niveau de surface qui est celui du *logos* philosophique, ainsi que scientifique, qui colle soi-disant à la réalité ; c'est-à-dire qui sort dans l'espace, qui laisse le temps derrière lui et qui peut donc entrer en adéquation avec l'objet qu'il nomme puisque celui-ci ne bouge plus. Et il y a un niveau intermédiaire dont je vais parler ici. Ce niveau est celui de la maïeutique ou méthode critique employée primitivement par Socrate. Pour rappeler un peu ce qu'il se passe dans l'allégorie, il y a effectivement ces fameux prisonniers qui sont enchaînés depuis l'enfance devant le mur de leurs illusions qu'ils analysent, comme nous l'avons vu, selon des critères principalement temporels : présent, passé, et futur, et il y a un des prisonniers qui, à un moment donné, se voit libéré. Et là nous entrons véritablement en phase de transition. Il y a un élément perturbateur qui survient et perturbe un système parfaitement rodé : le système sophistique des projections mis en place dans la caverne. À travers ce perturbateur qui intervient dans le modèle harmonieux de la caverne, on peut facilement identifier le personnage de Socrate. Socrate intervenait dans la cité d'Athènes, venait perturber, c'est ce que l'on lui a reproché, un système politique qui était le système dominant d'alors, le New-York de l'époque. Et sa façon de faire ressemblait à celle du libérateur décrite dans l'allégorie. Le libérateur vient en effet délivrer un des prisonniers et le forcer à sortir « à force de questions »[58], nous est-il dit. Il va le tourmenter, lui faire voir les rouages de la machine dont il est victime. C'est effectivement ce que faisait Socrate. Maintenant qu'en est-il exactement de cette méthode critique ? Socrate a développé ou en tout cas pratiqué une certaine méthode, une certaine vision, peut-être philosophique ou pré-philosophique – le fait de le considérer comme le père de la philosophie demeurant problématique –. L'ennui c'est que Socrate nous est rapporté, qu'il s'agit d'une pensée retranscrite et dont Platon constitue presque l'unique référence. Socrate c'est un peu comme le Christ. Il n'a rien écrit, sa pensée nous a été transmise par un de ses disciples, il arpentait pieds nus les rues d'Athènes et est mort pour ses idées. C'est en quelque sorte le premier grand martyr de la philosophie. Et il n'est pas impossible que ce soit justement à cause de cette ressemblance troublante que l'Occident chrétien l'ait choisi rétrospectivement pour être le père de la philosophie. Le problème avec Socrate c'est que sa parole étant une parole rapportée, on peut lui faire dire tout et n'importe quoi car rien n'est garanti comme authentique. Il est donc commode de se revendiquer de Socrate et de le prendre pour modèle méthodologique – ce qui est le cas non seulement de la plupart des philosophes

---

[58] Platon, *République*, 515 d.

praticiens mais également de la philosophie d'enseignement traditionnelle –, encore faut-il savoir de quel Socrate exactement l'on parle. La difficulté consiste donc à faire la part des choses entre le Socrate authentique qui n'a rien écrit, et le Socrate platonisé de la théorie et du système de pensée platonicien, ce pseudo-Socrate, ce Socrate que Platon met en scène et qui serait marqué par l'influence de Parménide. Parménide constituant à mon sens l'autre grand maître à penser de Platon.

Dans le *Théétète*, Socrate définit sa méthode en la comparant au métier de sa mère qui était sage-femme. À la différence près que c'est des âmes et non des corps que lui s'occupe. Et là se pose une question : à quoi sert exactement la maïeutique, cette méthode qu'il revendique, cette pratique intermédiaire qui a lieu dans la caverne, qui constitue le moment de transition entre les bas-fonds et la lumière ? Qu'est-ce que fait Socrate : aide-t-il son interlocuteur à formuler de manière cohérente des idées qu'il possédait en puissance mais dont il ne se rendait pas véritablement compte, c'est-à-dire l'aide-t-il à élaborer sa propre vision du monde, ou, et c'est là que se situe le problème, quand Socrate parle d'idées dont l'âme de son interlocuteur serait grosse, parle-t-il des idées de celui-ci ou des *Idées* dont parle Platon, c'est-à-dire de modèles idéaux dont il faudrait que son interlocuteur prenne conscience ? La question, pour la reformuler, est de savoir s'il s'agit bien, quand Socrate pratique sa maïeutique, d'accoucher le système de pensée de son interlocuteur, ou de se servir de la méthode questionnante comme d'un prétexte pour lui imposer du dehors un autre système de pensée, à savoir le modèle platonicien. Je rappelle qu'un des principes fondamentaux attribué à Socrate est le principe d'ignorance : « Tout ce que je sais, c'est que je ne sais rien »[59]. Si l'on s'en tient

---

[59] Cf. Platon, *Apologie de Socrate*, 21 d.

donc à la maïeutique comme méthode spécifiquement socratique, le maïeuticien n'est pas censé apporter quelque savoir que ce soit à celui ou à ceux avec lesquels il s'entretient. Il n'est là, normalement, que pour questionner les présupposés des systèmes de pensée en présence, en montrer les limites, les incohérences, et les mener à ce que l'on appelle une aporie qui signifie une impasse en grec, une contradiction. Mais, à partir du moment où il a réussi à faire « bugger » le système, son travail est censé être terminé. En tant que praticien, il a fait ce qu'il avait à faire.

Mais à quoi cela sert-il de faire bugger un système de pensée ? Quelle en est l'utilité ? On a déstabilisé son interlocuteur, on l'a pris au piège de ses propres contradictions, celles inhérentes à la façon qu'il a de se repérer dans son monde, celle-ci ne fonctionne plus. L'unique intérêt de cette méthode est celui de la remise en question. Cela force à réfléchir et à repenser certains prémisses sur lesquels on ne s'attardait peut-être pas auparavant pour essayer de les reformuler de manière plus cohérente, quitte à les abandonner ou à les faire évoluer.

Qu'est-ce qui me permet d'affirmer qu'il n'y a pas d'autre intérêt à utiliser cette méthode ? Deux raisons principalement. D'abord le fait que Socrate affirme qu'il ne sait rien et donc n'a rien à proposer. Ensuite, si nous regardons le perturbateur – ou le libérateur, ou le dissident, quelle que soit le nom que l'on lui donne – dans l'allégorie, celui-ci libère le prisonnier, le force par ses questions à remettre en cause le système qui faisait autorité dans son esprit, c'est-à-dire celui de la caverne. Il le mène ensuite jusqu'à la sortie, jusqu'à l'embouchure du système. Mais, et c'est là le point important, le prisonnier sort seul. Le particien d'obédience socratique, pourrait-on dire, celui du niveau intermédiaire, ne sort pas de la caverne (comme Socrate n'est lui-même qu'à de rares exceptions près jamais sorti d'Athènes), il se contente d'en montrer les limites, les contradictions, de la conduire à une impasse. Il ne propose rien en échange, il fait juste office de perturbateur. Le problème c'est que l'allégorie continue, alors qu'elle devrait s'arrêter là, d'un point de vue strictement socratique.

LE DIALOGUE DU *MÉNON*

Socrate nous aide-t-il à remettre en question notre propre système de pensée ou nous en impose-t-il un autre ? La réponse à cette question se trouve dans le *Ménon* de Platon. Dans un passage bien connu de ce dialogue Socrate apprend à un jeune esclave à calculer le double d'un carré afin de montrer concrètement à Ménon qu'il n'intervient pas directement, qu'il n'apporte rien de lui-même mais se contente de faire redécouvrir à son interlocuteur des vérités qu'il possédait déjà, qu'il tire les idées directement de la personne qu'il interroge comme une espèce de prestidigitateur et ne fait pas donc pas d'enseignement à proprement parler. Essayons d'analyser un peu plus ce passage : Socrate demande au jeune esclave d'approcher et il lui pose à peu près la question suivante : « Voilà, je te présente un carré, comment vas-tu t'y prendre pour en calculer le double ? » Guidé par les questions de Socrate, l'esclave va faire une première tentative et se tromper. Il y a donc une première étape où Socrate dit à Ménon : « Tu vois ma méthode fonctionne! Sans lui avoir rien dit, il s'est déjà rendu compte qu'il n'était pas capable de bien calculer par lui-même, en fonction de ce qu'il croyait savoir. Donc il a déjà évolué, il a déjà progressé. » Deuxième étape, l'esclave va comprendre le calcul du double du carré en utilisant la diagonale plutôt que le côté. Socrate dit alors à Ménon : « Tu vois, il a trouvé tout seul! Je l'ai amené à force de questions jusqu'à la bonne réponse sans la lui donner directement. » C'est ici que se situe le problème dont je parlais plus haut. Car Socrate n'a pas, en l'occurence, révélé à l'esclave une quelconque vérité que ce dernier possédait sans le savoir, il lui a fait découvrir la géométrie. Un calcul géométrique particulier qui n'a rien à voir avec l'identité propre de l'esclave. Socrate s'est servi de la méthode questionnante pour lui inculquer des idées n'ayant rien à voir avec sa façon de penser, il s'en est servi pour le corriger. Il s'est servi de ses questions pour diriger l'esclave, à partir de ce que celui-ci savait, jusqu'à la bonne réponse. Socrate connaissait la réponse, lui qui prétend ne rien savoir. Il a pris appui, dans ce que savait l'esclave, uniquement sur ce qui l'intéressait pour parvenir à la bonne conclusion[60]. Si la maïeutique se résume à ça, à une simple stratégie oratoire visant à conduire l'interlocuteur là où bon nous semble, peut-on encore parler de philosophie et ne se rapproche-t-on pas plutôt de ce mésusage du discours reproché si souvent à la sophistique, à savoir de consister plutôt en des techniques de manipulation mentale ?

La deuxième option, qui me semble préférable et à laquelle semble se tenir Socrate à l'origine dans ce que l'on nomme les dialogues aporétiques, est celle où la question n'est pas utilisée pour diriger l'interlocuteur vers une réponse particulière. La méthode critique vise dans ce cas uniquement à remettre en question un modèle de pensée en utilisant son référentiel pour en faire ressortir les incohérences logiques et le mener à une aporie. Mais il n'y a pas de sortie de la caverne. Il n'y a pas de vérité qui lui serait

---

[60] De la même manière, Parménide, d'après ce que nous en dit Platon, utilise la méthode questionnante comme un moyen de faire valoir ses propres thèses : « que préfères-tu, d'ordinaire ? Développer tout seul, dans un long exposé, la thèse que tu veux démontrer, ou bien employer la méthode interrogative, celle dont, en un jour lointain, Parménide usa lui-même, quand il développa des arguments merveilleux en la présence du jeune homme que j'étais », in Platon, *Le Sophiste*, 217 c.

inculquée de l'extérieur comme c'est le cas dans le *Ménon*. Il y a donc deux façons de comprendre ce qu'est la maïeutique : Soit la maïeutique est une simple méthode de remise en question du savoir de son interlocuteur, soit elle est un outil rhétorique qui permet de mieux faire passer ses idées, c'est-à-dire de donner l'illusion à celui avec qui l'on converse qu'il découvre par lui-même les vérités auxquelles on veut le conduire. Le *Ménon* est révélateur de ce deuxième cas de figure. Platon y utilise Socrate pour s'accoucher lui-même. Il se sert de la méthode de la question pour affirmer finalement son propre système de pensée. Ce qui constitue, à mon avis, une utilisation détournée de la méthode originale.

1+1=?

Ce sont des questions préoccupantes d'un point de vue philosophique général. Comment utilise-t-on le langage, à quoi nous sert-il ? À communiquer, à remettre en question, ou à connaître ? Ces trois possibilités séparent le champ sophistique, critique et théorique. Je voudrais maintenant présenter un dialogue fictif entre un philosophe praticien et son interlocuteur, inspiré d'un atelier que je réalise souvent en début de cycle, c'est-à-dire lorsque je me retrouve face à un nouveau groupe de participants. Cet atelier se nomme : « 1+1=? », et le dialogue qui suit rendra, je l'espère, compte du bon usage de la maïeutique telle que je l'envisage en pratique philosophique.

Pp : philosophe praticien.
I : interlocuteur.

(Au café)

Pp : Combien font un et un ?

I : Deux.

Pp : Et un est égal ou différent de un ?

I : Un est égal à un.

Pp : Mais deux est différent de un ?

I : Bien sûr.

Pp : Deux ne saurait en aucun cas être égal à un ?

I : En aucun cas.

Pp : Mais alors, comment concevoir que du même ajouté au même puisse résulter le différent ? Car c'est bien ce qui se passe.

I : Comment cela ?

Pp : Nous avons bien dit que un était égal à un ?

I : Oui.

Pp : Et c'est toujours le cas ?

I : évidemment.

Pp : Et que deux différait de un ?

I : En effet.

Pp : Nous nous trouvons donc face à ce que l'on appelle en philosophie une aporie[61], terme qui signifie *impasse* en grec, c'est-à-dire une situation contradictoire et qui génère par là-même un problème.

I : Lequel exactement ?

Pp : Ou bien un est effectivement égal à lui-même mais, dans ce cas, comment concevoir que l'addition de deux entités strictement identiques entre elles puisse produire autre chose que cette identité même. Ou bien nous admettons que un et un font deux mais, dans ce cas, il nous faudra également admettre que, dans une certaine mesure, un diffère de un.

I : Je ne te suis pas bien.

Pp : Prenons un exemple. Puis-je avoir ton sucre ?

---

[61] « Est-il possible, ou non, d'affirmer et de nier , en même temps, une seule et même chose », Aristote, *Métaphysique*, B, 1.

I : Oui, pourquoi ?

Pp : Attends d'abord que je le défasse, si tu veux bien. Voilà. Nous disposons de deux carrés, tu es d'accord ?

I : Oui.

Pp : Si nous additionnons ce premier carré à cet autre carré, combien en obtenons-nous ?

I : Deux.

Pp : Mais, – la question que je te pose maintenant, fais-y bien attention –, s'agit-il du même carré ?

I : Bien sûr que non.

Pp : En effet, si nous additionnons ce carré à lui-même, qu'obtiendrons-nous ?

I : Un seul carré.

Pp : Si nous disons un carré de sucre plus un carré de sucre et qu'il s'agit du même carré, le résultat sera toujours un seul carré de sucre ?

I : Oui.

Pp : Qu'est-ce qui te permet alors de dire qu'un carré de sucre plus un carré de sucre font deux carrés de sucre ?

I : Le fait qu'ils soient différents l'un de l'autre.

Pp : Et ils le sont bien en effet.

I : Oui.

Pp : De tous ces grains agglutinés qui les composent, en comptent-ils un seul en commun ?

I : Pas un seul.

Pp : Mais s'ils sont aussi différents l'un de l'autre, qu'est-ce qui te permet de les additionner ensemble pour dire qu'ils forment à eux deux, deux carrés de sucre ?

I : Le fait qu'ils partagent la même idée.

Pp : Laquelle ?

I : Celle du carré de sucre.

Pp : Donc, quand nous additionnons un objet à un autre, nous le faisons grâce à l'idée qui les relie.

I : C'est çà.

Pp : Mais si tu répètes plusieurs fois la même idée, as-tu pour autant plusieurs idées ?

I : Non.

Pp : L'idée du carré de sucre ajoutée à l'idée du carré du sucre ne donnera jamais rien d'autre que l'idée du carré de sucre.

I : En effet.

Pp : Vois-tu maintenant un peu mieux le problème auquel nous sommes confrontés ?

I : Je crois que oui.

Pp : Et peux-tu me le reformuler ?

I : Eh bien, il semble, à ce que nous avons dit, que pour additionner quoi que ce soit nous devions considérer chaque objet comme identique et différent.

Pp : Comme le fait remarquer Socrate : « L'essence de l'Un, par contre, que l'on la démontre, en soi, multiple ; le multiple, à son tour, que l'on le démontre un, voilà où commencera mon émerveillement. »[62] Mais c'est pourtant ce que nous faisons tous et tous les jours. Nous additionnons un à un et nous disons que ça fait deux, n'est-ce pas ?

I : Oui.

Pp : Comment l'expliquer ?

I : Je n'en ai aucune idée. On nous l'a inculqué ainsi et nous l'acceptons sans réfléchir.

Pp : Laisse-moi te proposer une autre explication : avec l'addition, nous jonglons perpétuellement entre l'idée et le réel. Nous y faisons, selon l'expression, « deux poids, deux mesures ». Car, d'un côté, pour que l'addition puisse fonctionner, nous la considérons d'un point de vue abstrait, en tant que les objets que nous additionnons participent d'une seule et même idée, et, de l'autre, nous la considérons d'un point de vue concret, en considérant chaque objet comme différent. Comme ces deux tasses ici-présentes, qui sont

---

[62] Platon, *Parménide*, 129 b-c.

identiques selon l'idée mais concrètement distinctes. C'est grâce à l'association simultanée de ces deux points de vue contradictoires que l'addition peut se faire. Maintenant prenons, si tu le veux bien, le problème à l'envers et considérons le cas de la soustraction afin de voir si nous y rencontrons la même difficulté. Combien font un moins un ?

I : Zéro.

Pp : Et ça ne pose, cette fois, aucun problème.

I : Comment cela ?

Pp : Je veux dire qu'il n'y a pas besoin d'être magicien et d'opérer un tour de passe-passe pour comprendre que si j'ôte un objet quelconque, il n'en reste rien.

I : Cela semble logique.

Pp : Et qu'il s'agit bien du même objet avant et après l'avoir retiré.

I : Tout à fait.

Pp : Car si cet objet différait un tant soit peu de lui-même, entre le moment où il est là et le moment où il n'y est plus, le rapport ne serait plus nul, il subsisterait quelque chose.

I : C'est exact.

Pp : Il y a donc, avec la soustraction, identité entre l'objet et son concept, ce qui explique qu'elle ne nous pose analytiquement aucun problème. Contrairement à l'addition qui, pour être opérationnelle, doit différencier l'objet de son concept, soit un concept pour deux objets. Car si l'objet demeurait identique à son concept, il ne serait tout simplement pas additionnable. En effet, si l'objet ne peut être d'une quelconque manière différencié de lui-même, son addition ne produira jamais qu'un résultat stérile, de manière tautologique. Pour fonctionner, l'addition doit opérer l'équivalent d'un saut quantique, c'est-à-dire produire une valeur qui n'était pas contenue dans celles dont elle est le résultat – comme la molécule n'est pas le simple résultat de l'agrégat de plusieurs atomes mais possède des propriétés distinctes de celles de ses composants –, à savoir, tirer le deux du un. Ce saut n'est possible qu'en regard de l'existence singulière de chaque objet mais entre en contradiction avec l'idée que le nombre est identique à lui-même. L'addition produit donc une incohérence que le seul moyen de dépasser est de poser simultanément l'identité et la différence, c'est-à-dire que un soit égal à un, en même temps que différent de un. Si nous ne nous en tenons qu'au principe d'identité, nous resterons inévitablement prisonniers d'un espace clos, un monde analytique pur, duquel rien ne saurait émerger. Laisse-moi, pour finir, te demander une dernière chose. Imaginons un univers abstrait à un seul élément. Que deviendrait l'addition dans un tel cas de figure ?

I : Elle disparaîtrait car deux éléments distincts, au moins, sont nécessaires pour pouvoir additionner.

Pp : Et pourtant un tel monde existe, et c'est justement celui de l'arithmétique! Car tout nombre, en définitive, peut être ramené à une addition d'unités constitutives. Tout nombre peut être ramené à un « un ». Mais en voilà assez pour aujourd'hui, si tu veux bien appeler le serveur, je crois que c'est à toi de régler l'addition.

I : Ça ne va pas être facile. (*Au serveur*) S'il vous plaît, on pourrait payer ?

Serveur : Deux cafés, c'est bien ça ?

I : Oui.

Pp : Puis-je me permettre de vous demander quelque chose ?

Serveur : Je vous en prie.

Pp : Il m'a semblé que ces deux cafés n'étaient pas tout à fait identiques l'un à l'autre. Je ne sais pas pourquoi au juste, mais, comme c'est vous qui nous avez servi, vous êtes peut-être au courant ?

Serveur : Je ne vois pas ce que vous voulez dire. Ce sont deux cafés serrés, exactement les mêmes.

Pp : Vous en êtes sûr ?

Serveur : Eh bien oui.

Pp : Mais, dans ce cas, si vous me certifiez que ces deux cafés sont bien identiques, pourquoi voulez-vous que je paye deux fois pour la même chose ?

Serveur : Je suis désolé mais je ne vous comprends pas bien.

I : C'est parce que vous ne le connaissez pas.

Pp : Si vous parvenez à m'expliquer en quoi ces deux cafés sont différents, je consentirai par contre bien volontiers à vous les payer tous les deux.

Serveur : Vous voyez bien qu'il y a deux tasses.

Pp : Je les vois, en effet, mais, sans même vouloir parler des tasses, savoir s'il y en a effectivement deux ou bien si, en définitive, elles n'en forment qu'une seule, vous conviendrez que nous ne payons pas pour des tasses mais pour le café qui se trouve dedans. Et ce café que vous nous avez versé, c'était bien le même dans les deux cas, ou bien nous avez-vous versé un café différent ?

Serveur : C'était le même café.

Pp : Vous comprenez donc mon problème : je ne voudrais pas payer deux fois pour le même café.

Serveur : Si vous ne voulez pas payer, il va falloir que j'appelle le patron.

Ce dialogue ne vise pas à inculquer quoi que ce soit. Je n'y donne aucune réponse mais me contente de mettre en évidence une aporie, ou incohérence logique, au sein d'un système de pensée particulièrement bien assis qui est celui de l'arithmétique. La démarche que je suis est similaire à celle de Socrate. Je démontre qu'à un certain niveau le modèle concerné n'est pas cohérent, qu'il ne fonctionne pas, et ce en fonction de ses propres présupposés. Ce qui oblige les tenants dudit modèle à y réfléchir et à en retravailler la cohérence dans un contexte donné. Mais à aucun moment, pour autant, nous ne sortons de la caverne. Nous y sommes toujours. De manière générale en pratique philosophique nous nous bornons à creuser les présupposés de modèles dans lequel nous vivons mais il n'y a pas de sortie. La philosophie théorique, *a contrario*, cherche à sortir, cette philosophie qui commence vraiment avec Platon et qui vient après Socrate. Maintenant il convient de se poser la question du rôle que l'on veut donner à la philosophie. La limite-t-on à un simple rôle de remise en question des modèles référents qu'elle côtoie, afin de les amener à se questionner eux-mêmes pour évoluer en fonction de leurs propres critères, mais sans les conduire, sans leur donner de direction privilégiée ; ou bien la philosophie a-t-elle pour rôle d'apporter des réponses, d'affirmer qu'il y a, soit un dehors, ce qui est le cas de l'idéalisme, soit, en tout cas, d'autres modèles plus pertinents ?

Souvent, les philosophes ont été présentés comme des sages, ce qu'ils ne sont pas à l'origine. Il y eut d'abord les sages et ensuite les philosophes, qui leur sont historiquement postérieurs. Le philosophe, étymologiquement, désignant celui qui aime la sagesse mais qui ne la détient pas et qui est donc à sa recherche. Si l'on s'en tient à la tradition qui donne Pythagore comme le premier à avoir établi cette nuance :

> Le premier à avoir utilisé le nom de philosophie et, pour lui-même, celui de philosophe, fût Pythagore [...] car (il considérait que) nul [homme] n'est sage, si ce n'est Dieu. La philosophie était trop facilement appelée « sagesse », et « sage » celui qui en fait profession [...] alors qu'il n'est que « philosophe » celui qui chérit la sagesse.[63]

---

[63] Diogène Laërce, *Vies et doctrines des philosophes illustres*, I, 12.

Le philosophe, en tant qu'il est seulement *celui qui recherche la sagesse*, n'est pas là pour nous faire sortir de la caverne. Il est là seulement pour nous faire nous interroger sur les contradictions et limites que nous rencontrons dans notre propre système de pensée. Malgré ça, nombreux sont les philosophes, à commencer par Platon, et en contradiction avec son principal maître Socrate, qui donnent des réponses, qui apportent des solutions. Et nombreux sont ceux qui viennent consulter les philosophes, qui viennent les voir comme s'ils allaient voir des sages, parce qu'ils veulent des réponses. Le problème c'est que parmi toutes les réponses apportées, parmi toute la diversité des interprétations qui se sont succédées au cours de l'histoire, aucune n'a su s'imposer en matière de vérité. C'est pour cette raison qu'en tant que philosophe praticien je privilégie une autre direction : non pas d'apporter une quelconque réponse, mais de permettre une remise en question des différents modèles de pensée, des différents modes de représentation, de la façon qu'a chacun de voir ou de se représenter son monde. Il ne me semble, en effet, pas pertinent, d'un point de vue pratique, que la philosophie cherche à donner du sens, c'est-à-dire cherche la vérité.

5. LA VOIE SÛRE D'UNE SCIENCE

Une science se définit par le fait qu'elle utilise des chiffres et non des lettres comme moyen de communication principal.

C'est Aristote, notamment par son style, qui a le plus contribué au rapprochement entre philosophie et science. Il est remarquable en effet de constater à la lecture des œuvres qui nous sont parvenues que celui-ci n'emploie pas de métaphore. Comme le dit Leibniz, Aristote est le « premier qui ait écrit mathématiquement en dehors des mathématiques[64] », c'est-à-dire à avoir développé ce que l'on pourrait appeler « le style froid du concept ». Il faut d'ailleurs également remarquer que c'est par accident que cette façon d'écrire s'est imposée comme le modèle reconnaissable du style philosophique. C'est uniquement parce que n'ont été conservé de ses œuvres que celles dites *ésotériques*, c'est-à-dire les cours qu'iil donnait à ses élèves, et que

---

[64] Cf. Jacques Bouveresse, *Essais V. Descartes, Leibniz, Kant*, « Descartes, le « bon sens, la logique, la logique et les vérités éternelles ».

les *exotériques*, destinées au grand public, ont été perdues, que cela s'est produit. Le fait que Cicéron parle du « fleuve d'or » de l'écriture aristotélicienne semble bien plutôt montrer que celui-ci, dans ses ouvrages exotériques tout au moins, savait faire usage d'un style plus littéraire. Mais c'est le style mathématique qui a survécu et qui a donné à la philosophie théorique sa « couleur » particulière.

Cette volonté de rapprocher philosophie et science se manifeste tout particulièrement au XVIIème siècle avec des penseurs comme Descartes et Spinoza. Spinoza, dont le titre complet de son ouvrage majeur est *L'Éthique démontrée selon la méthode* géométrique, et Descartes qui écrit ses *Règles pour la direction de l'esprit* en essayant de suivre une méthode scientifique et qui précise également dans son *Discours de la méthode* qu'il veut atteindre, ou en tout cas, s'inspirer de cette rigueur qu'il rencontre dans les sciences[65].

Ce qui est étonnant, c'est qu'en France la philosophie soit plutôt associée à la littérature. On la trouve notamment classée dans le département des lettres à l'université. La qualité littéraire a même pu être perçue par Aristote comme un obstacle à la rigueur démonstrative que nécessite le discours philosophique :

> Que la clarté soit requise pour l'*apodeixis* comprise tant comme démonstration scientifique que comme preuve rhétorique, c'est un lieu commun de l'aristotélisme, clarté qui d'abord ne s'accommode pas facilement de la figure. [...] Noms propres, définitions claires, syllogismes concluants : le discours qui aide le phénomène à se dévoiler doit être transparent.[66]

---

[65] Cf. Descartes, *Discours de la méthode*, deuxième partie, « Règles de la méthode », pp. 66-75.

[66] Barbara Cassin, *L'effet sophistique*, III, 2, « Logiques de la fiction », pp. 497-498.

Pourquoi la philosophie tend-elle à vouloir suivre, pour reprendre une expression de Kant, « la voie sûre d'une science »[67] ? Qu'est-ce que la philosophie cherche à vouloir se rapprocher d'une démarche scientifique ? D'autant qu'avant même de chercher à l'expliquer, on peut faire remarquer qu'elle n'y a pas réussi. Jamais la philosophie n'a pu établir de démonstration dont la valeur scientifique soit reconnue. On peut donc d'ores et déjà faire ce constat que la philosophie a échoué dans sa tentative de se développer avec la rigueur des sciences, plus particulièrement celle des mathématiques.

Alors pourquoi ce rapprochement ? En premier lieu parce que science et philosophie poursuivent toutes deux la même fin. Elles veulent la vérité. Et, en second lieu, parce qu'elles travaillent toutes deux à l'extérieur de la caverne. Elles travaillent sur des enveloppes, des surfaces, des contours, pas sur des intériorités. Ni la science ni la philosophie ne travaillent sur l'intérieur de leurs objets. La science mesure des rapports entre divers objets mais considère ceux-ci comme des espèces de baudruches vides. Pourquoi est-il nécessaire d'un point de vue scientifique que l'objet soit dénué d'intériorité ? Parce que si ce n'était pas le cas, il serait susceptible de varier de telle manière qu'il échapperait aux règles scientifiques, c'est-à-dire qu'il deviendrait imprévisible. Si vous me dites : « Moi, j'ai une intériorité. » Qu'est-ce que je dois en conclure ? Que vous êtes susceptible de ne pas réagir comme je m'y attends. Maintenant si vous vous reprenez en me précisant : « J'ai une intériorité, mais bon, vous ne verrez pas la différence en surface. » Je peux la considérer comme négligeable. Je peux vous considérer comme un simple objet scientifique. C'est-à-dire que dans une situation donnée je serais suscep-

---

[67] Kant, *Critique de la raison pure*, Préface de la seconde édition, p. 40.

tible de prévoir votre comportement. La seule chose qui me permette d'envisager que votre comportement puisse varier de manière imprévisible, c'est de supposer qu'au-delà des règles scientifiques, au-delà des règles psycho-physiologiques, qui vous régissent en tant qu'objet, vous disposiez également d'une intériorité qui puisse venir perturber le comportement attendu. Un scientifique, quand il étudie un lapin ou une souris dans son laboratoire, ne cherche pas à les connaître personnellement. Il ne s'intéresse guère à leurs états d'âme. Il cherche des universaux, c'est-à-dire des comportements valables pour toute l'espèce et qui permettent donc de caractériser son lapin ou sa souris comme un objet. Comme le rappelle la 12ème aporie de la *Métaphysique* d'Aristote : « [...] les êtres individuels [...] ne seront pas objet de science, toute science portant sur l'universel. »[68]

La philosophie, de la même manière, cherche, on l'a vu, à sortir du dedans, à sortir de la caverne, à travailler à l'extérieur, pour se libérer du corps et d'une intériorité qui perturbe en fait l'adéquation entre le *logos*, la rationalité du discours, et l'objet visé. Toutes deux travaillent à l'extérieur sur la vérité, c'est-à-dire sur l'adéquation parfaite entre le discours et son objet. Et pour arriver à ce résultat, pour l'une comme pour l'autre, il ne faut pas que l'objet bouge, sinon cela risquerait de poser certains problèmes de définition.

LES SCIENCES ABSTRAITES

Je voudrais maintenant m'intéresser à une différence radicale qui existe entre les deux disciplines et qui explique

---

[68] Aristote, *Métaphysique*, B, 6, 1003 a.

l'échec de la philosophie à se constituer en tant que science véritable. On peut distinguer deux grandes catégories parmi les sciences avec d'un côté celles qui ont recours à l'expérience, et de l'autre celles qui n'y ont pas recours, comme les mathématiques pures par exemple. Les sciences abstraites – dénomination sous laquelle je regrouperai celles qui n'y ont pas recours – déduisent à partir d'une axiomatique de départ un certain nombre de propriétés qui sont absolument vraies dans les limites d'un cadre prédéfini. Ces propriétés n'ont aucunement la prétention d'avoir une quelconque validité en-dehors de celui-ci, elles ne « débordent » pas.

LES SCIENCES APPLIQUÉES

Ensuite, il y a les sciences appliquées qui, elles, utilisent des modèles mathématiques pour travailler sur et avec le réel. La philosophie théorique, de son côté, que fait-elle ? C'est ici que se concentre le problème. La philosophie théorique se trouve dans une situation intermédiaire. Elle veut se débarrasser du corps et donc sortir de la caverne, ne travailler que dans le pur espace, c'est-à-dire ne travailler qu'au niveau du concept, de la surface, de l'enveloppe, cette fameuse baudruche vide dont j'ai parlé plus haut ; elle veut travailler comme n'importe quelle science abstraite uniquement sur le concept. Mais elle prétend, et c'est là le point important, que son discours a une validité au-delà de son propre système de pensée. Son discours est censé avoir une valeur (et pas n'importe laquelle puisque qu'il s'agit ici d'une valeur de vérité) au-delà de sa seule pertinence logique. Ce que ne saurait envisager un scientifique. Il dirait : « Voilà, c'est vrai dans ce système de pensée. C'est vrai à partir de cette axiomatique. Ça fonctionne parfaitement, c'est cohérent. » Mais la philosophie théorique prétend aller plus loin, dépasser les bornes au sens propre. Elle affirme que son discours est vrai non seulement parce qu'il est rationnel, comme se doit de l'être n'importe quel discours théorique, mais qu'il l'est aussi de manière inconditionnelle, qu'il est vrai dans LA réalité. Et c'est ici que se creuse la différence. Car pour que ça fonctionne, que fait la science ? Elle applique. Elle passe par le détour de l'expérience qui est utilisée pour tester la pertinence d'un modèle théorique dans une configuration donnée. S'effectue alors une sorte de communication, ce que l'on verra par la suite, entre la θεωρία, la théorie, et le monde. La philosophie théorique, par contre, fait l'impasse sur le corps. Elle ne veut pas de l'expérience. Donc, comment peut-elle garantir sa vérité ? C'est la question qui se pose. La remise en cause d'un modèle philosophique par d'autres philosophes ne saurait d'autre part être considérée comme une sorte d'expérience, entendue comme une possibilité de sortie du système. Ce que je considère comme le problème fondamental de la philosophie théorique, c'est de confondre la question de la valeur et celle de la vérité. Si deux philosophes ne sont pas d'accord entre eux, c'est plus une question d'affaire personnelle que de vérité. C'est qu'ils redéfinissent les termes chacun à leur manière tout en prétendant leur donner une portée universelle. C'est pour cela que quand un philosophe dit : « ce n'est pas vrai », il ferait mieux de dire, comme dans la publicité : « Nous n'avons pas les mêmes valeurs! »[69].

Soit on concède que la philosophie se limite à une simple construction logique et je rappelle ici les mots de Bergson : « Un système philosophique semble d'abord se dresser comme un édifice complet, d'une architecture savante [...] Nous éprouvons, à le contempler sous cette

---

[69] Publicité de la marque Bordeau Chesnel, 1986.

forme, une joie esthétique »[70]. C'est un échafaudage, un bâtiment, une cathédrale logique qui est magnifique, peut-être, de par sa cohérence interne, de par la profondeur de ses vues, la complexité de sa réflexion, c'est très impressionnant à voir architecturalement parlant mais cela n'a aucune valeur, ou, en tout cas, on a du mal à en saisir la valeur au-dehors, reproche souvent adressé à la philosophie. Soit la philosophie dit vrai, c'est-à-dire qu'en dehors d'un simple assemblage logique son discours a une portée réelle, mais dans ce cas comment la démontrer puisque elle refuse de passer par le détour de l'expérience, puisque la philosophie contrairement aux sciences ne vérifie pas sa logique, ne donne pas de preuves.

Ce qui met donc la philosophie théorique dans une situation assez délicate qui la rapproche davantage d'une mystique, le seul moyen dont elle dispose pour être reconnue étant d'être crue sur parole : « Oui, ce que tu dis est vrai, même si tu refuses d'en fournir les preuves. » Elle ne peut fournir de preuves par définition puisqu'elle s'est établie en sortant de la caverne dans un monde de purs concepts. Nous nous retrouvons donc ici encore dans une situation d'impasse pour la philosophie théorique qui affirme des vérités sans aucun moyen pour les garantir autres que sa seule logique.

LE PROBLÈME DU LANGAGE

D'où vient cette difficulté que rencontre la philosophie ? Pourquoi est-ce que cela fonctionne avec la science et pas avec la philosophie ? On pourrait avancer que les philosophes sont peut-être de mauvais mathématiciens.

---

[70] Bergson, *La pensée et le mouvant*, « L'intuition philosophique », p. 118.

Mais l'histoire montre que non. D'illustres mathématiciens comme, de manière plus générale, de nombreux scientifiques firent également leurs preuves dans des textes à portée philosophique. Mais ils ne réussirent pas pour autant à garantir une quelconque vérité dans cette discipline.

Ce qui me semble être la principale source d'erreur de la philosophie quand elle essaye de sortir dans l'espace, comme le fait le scientifique, pour atteindre à la structure sous-jacente du réel indépendamment de sa contingence, de sa variation dans le temps – c'est-à-dire en le vidant de son intériorité –, c'est que la philosophie cherche à dire ce qui est en utilisant le langage que nous utilisons pour communiquer entre nous. Elle le sort de la caverne. Elle utilise le même outil, mais à une fin différente. Ce langage intercommunicationnel que nous utilisons dans la caverne est un langage qui met avant tout l'accent sur la valeur. C'est un langage de l'intériorité, pas un langage de la vérité comme on le voit avec les prisonniers. Peu importe qu'ils se trouvent dans un monde d'illusions, peu importe l'illusion, cela fonctionne très bien au niveau de la communication. Que ce soit au niveau des porteurs d'ustensiles qui œuvrent en amont des prisonniers : « [...] et naturellement parmi ces porteurs qui défilent, les uns parlent, les autres ne disent rien. »[71], aussi bien qu'au niveau des prisonniers eux-mêmes : « Quant aux honneurs et aux louanges qu'ils pouvaient alors se donner les uns aux autres »[72], leur mode de communication est cohérent. On s'y entend au niveau des valeurs. Peu importe que ce soit vrai ou non. Si l'on s'accorde sur les valeurs, l'ensemble du modèle fonctionne.

---

[71] Platon, *République*, livre VII, 515 a.

[72] *Ibid.*, 516 c.

Il faut donc bien faire la différence : le monde de la caverne met davantage l'accent sur la valeur que sur la vérité. La vérité se trouve à l'extérieur. C'est ce qui lui permet de prétendre à l'universalité. La valeur, c'est une question qui se pose entre sujets, *inter nos*, dans le cadre d'un modèle de communication réglé.

Ce langage qui nous permet de communiquer ensemble, les philosophes, à commencer par Platon, prétendent l'exporter au-dehors pour dire ce qu'est l'être. Mais ce n'est pas sa fonction. Le problème, c'est d'utiliser un langage qui est conçu pour nous permettre de communiquer entre nous, entre individus partageant une même identité culturelle, à des fins cognitives. C'est-à-dire non plus pour communiquer avec une intériorité mais pour connaître une extériorité. C'est là que la bât blesse et que ça ne fonctionne pas. Le langage utilisé n'est pas adéquat.

Qu'est-ce qui me permet de l'affirmer ? D'abord, comme je l'ai dit, cela n'a jamais fonctionné. La philosophie, qui utilise le langage commun, n'a jamais réussi à prouver quoi que ce soit concernant le monde du dehors. Ensuite, il existe bien un langage pour communiquer avec le monde extérieur mais ce n'est pas le même – ce que l'ont bien compris les scientifiques et que n'ont pas vu les philosophes –. Ce langage, c'est le *langage mathématique*. Celui-ci n'est pas destiné à une communication entre sujets et quiconque voudra s'y essayer s'en rendra aisément compte. Si vous commencez à communiquer avec votre interlocuteur en langage mathématique, c'est que vous considérez celui-ci comme dépourvu d'intériorité. Par exemple, quand je dis : « c'est simple comme deux et deux font quatre », je peux le traduire en : « c'est simple, n'y pense pas, agis comme une machine. Agis comme si tu étais dénué d'intériorité. » C'est le langage mathématique, et ce langage s'applique tout à fait bien à l'extérieur puisque nous considérons l'extérieur comme le « sans âme qui vive », comme le « sans intérieur ». Cela ne revient pas à dire, pour autant, que le monde extérieur ne contienne que des surfaces ou des rapports, comme le veulent la science ou la philosophie théorique. Cela ne revient pas à dire que la matière soit un vase creux. C'est simplement comme ça que nous l'avons conçue, culturellement parlant. Je ne parle pas de vérité puisque je ne prétends pas moi-même, en tant que philosophe praticien, être sorti de la caverne. Et il sera par ailleurs difficile de trouver un scientifique pour affirmer que les cobayes qu'il étudie disposent d'une forme de conscience individualisée sur laquelle il travaille concrètement, non pas tant au niveau de l'espèce qu'à celui de chaque cas pris isolément. Car la science se définit par la règle, par l'universel. Elle se doit d'être valable pour tous les éléments d'une même classe. Donc, s'il faut considérer que chaque individu possède une conscience et une intériorité qui lui est propre, que devient la science ? Si l'on s'en réfère à la 12ème aporie de la *Métaphysique* d'Aristote : « s'ils sont comme les êtres individuels, ils ne seront pas objet de science, toute science portant sur l'universel. »[73], faire une science de l'individu relève de la pure et simple impossibilité.

Rappelons à ce propos un passage bien connu de *L'Essayeur* de Galilée :

> La philosophie est écrite dans cet immense livre qui se tient toujours ouvert devant nos yeux, je veux dire l'univers, mais on ne peut le comprendre si l'on ne s'applique d'abord à en comprendre la langue et à connaître les caractères avec lesquels il est écrit. Il est écrit dans la langue mathématique et ses caractères sont des triangles, des cercles et autres figures géométriques, sans le moyen desquels il est

---

[73] Aristote, *Métaphysique*, B, 6, 1003 a.

humainement impossible d'en comprendre un mot. Sans eux, c'est une errance vaine dans un labyrinthe obscur.[74]

Nous voyons bien dans celui-ci à quel point nous nous trouvons dehors, à quel point nous ne sommes plus dans la caverne : « cet immense livre qui se tient toujours ouvert devant nos yeux, je veux dire l'univers ». Et face à la philosophie qui prétend produire un discours vrai sur l'extérieur en utilisant le langage commun, que répond Galilée ? Qu'il sera « humainement impossible d'en comprendre un mot ». Si vous voulez comprendre l'objet, vous devez utiliser un langage spécifique, le langage de l'objet. Sinon, vous serez condamnés à « une errance vaine dans un labyrinthe obscur. » Ce que l'on pourrait traduire, suivant l'analyse que j'ai donnée des rapports entre intériorité et extériorité, comme une errance perpétuelle à l'intérieur de la caverne. Si nous voulons sortir, nous dit ici Galilée, il faut utiliser le langage mathématique.

Le philosophe, qui n'utilise pas ce langage mais le langage commun qui nous sert à communiquer entre nous à l'intérieur d'un système donné de représentation, échoue dans sa démarche cognitive, sa démarche visant à produire un discours convaincant sur l'extériorité.

LE CONCEPT D'ATOME

Le concept d'atome fournit ici un éclairage intéressant. Je parle d'un concept car je ne m'intéresse pas, dans le cadre de mon analyse, au prolongement que pourrait avoir l'atome dans ce substrat que l'on nomme réalité. Étymologiquement, l'atome renvoie à τέμνω qui signifie « couper »

---

[74] Christiane Chauviré, *L'Essayeur de Galilée*, p. 141.

en grec, auquel est adjoint un α privatif. L'*ἄ-τομος*, ce que l'on ne peut trancher. Le terme aurait été employé à l'origine par Leucippe au IV-Vème siècle avant J.-C. et Démocrite le reprendra pour développer sa fameuse théorie de l'univers ou du cosmos, tel que les Grecs le nommaient alors. Lucrèce le traduira en latin par *individuum corpus* : un corps qui ne peut être divisé. On ne peut pas encore parler de science à ce moment-là, – au sens tout au moins que l'on donne à ce terme aujourd'hui –, tout au plus peut-on parler d'un fantasme, d'une conception du monde sans aucune vérification expérimentale. Mais quelle était leur intention quand il conçurent un tel corps ? Ils voulaient qu'existe un corps sans intériorité, un corps qui n'aurait plus rien à cacher, pour dévoiler paradoxalement – un extérieur pur pour une intériorité ultime – l'identité fondamentale de la matière et éviter ainsi une régression logique à l'infini, de la même manière qu'Aristote postulera l'existence d'un premier moteur immobile pour expliquer le mouvement. Voilà ce que cherche, à ce moment-là, l'atomiste. Voilà ce qu'a poursuivi durant des siècles la science jusqu'à finir par se rendre compte qu'un tel corps n'existait pas, que le point géométrique, « ce qui n'a pas de partie » selon Euclide, ne trouvait pas d'équivalent dans la nature.

La seule intériorité à laquelle nous ayons accès est celle de notre conscience. Pour l'instant le monde ne nous a pas répondu dans un langage suffisamment clair pour que nous puissions considérer qu'il dispose également d'une intériorité. Nous le considérons donc, jusqu'à preuve du contraire, comme un donné purement spatial, un donné du dehors, et nous seuls en tant qu'êtres conscients nous reconnaissons comme sujets du monde, c'est-à-dire comme disposant d'une intériorité qui puisse venir perturber le rythme scientifiquement contrôlable du dehors.

La science s'est au demeurant rendue compte, dans le courant du XXe siècle, que ce joli mécanisme de l'espace ne fonctionnait pas aussi bien qu'elle le supposait, ainsi que le signale le physicien Heisenberg : « Le point décisif est ici d'avoir reconnu que toute tentative est vouée à l'échec, qui aurait pour but d'analyser à l'aide des méthodes et des concepts de la physique classique l' « individualité » des processus atomiques »[75]. Même si l'on n'est pas scientifique, le message semble assez clair : l'objet lui-même possède une part d'intériorité dont il faut tenir compte, au niveau atomique tout au moins.

Revenons maintenant, pour conclure ce chapitre, sur le rôle essentiel du jeu dialectique entre intériorité et extériorité pour comprendre notre identité. La complexité apparente dont s'encombre le discours cache bien souvent des évidences que l'on a du mal à admettre. À ce titre, le rapport intérieur/extérieur, ou en tout cas la question de ce rapport, nous apparaît comme fondamentale. L'homme n'a cessé tout au long de son histoire – l'homme pris ici en tant qu'identité masculine, au risque de susciter une polémique – de chercher à sortir, à se définir, dans l'espace. C'est-à-dire à se dégager de l'intériorité. Pour justifier ce point de vue et expliquer ce genre de conclusion, surtout dans une période troublée comme la nôtre où le partage des rôles n'est plus aussi évident, on pourrait dire que cette idée est déjà présente de manière implicite dans la caverne lorsque le prisonnier se voit extirpé des tréfonds de celle-ci dans des souffrances qui rappellent étrangement celles d'un accouchement. On le sort à la lumière et le message platonicien est clair : la vraie vie est dehors. Et l'intériorité est le monde de l'illusion dont il faut sortir. Cette idée se retrouve également, de manière plus explicite cette fois, dans le dialogue du *Théétète* quand Socrate se compare à sa mère, accoucheuse, mais qu'il prend bien soin de préciser

---

[75] Niels Bohr, *Physique atomique et connaissance humaine*, « Biologie et physique atomique », p. 174.

que, contrairement à elle, ce ne sont pas les corps qu'il accouche mais les âmes, et non pas les femmes mais les hommes : « Mon art de maïeutique a mêmes attributions générales que le leur. La différence est qu'il délivre les hommes et non les femmes et que c'est les âmes qu'il surveille en leur travail d'enfantement, non point les corps. »[76] Le partage des rôles est donc bien fait, par Platon du moins, entre une intériorité associée au féminin et une extériorité au masculin.

Cette métaphore de l'accouchement pour parler de l'émancipation des âmes se retrouve fréquemment. Elle est présente notamment chez Jung :

> Beaucoup de gens, à vrai dire, ne sont pas encore nés. […] parce qu'ils se tiennent derrière une paroi de verre, parce qu'ils restent dans la matrice. […] Ils n'ont encore tissé aucun lien avec cette terre ; ils sont comme suspendus dans les airs […] Or, naître est une chose essentielle ; vous devez venir au monde — sinon, vous ne pouvez accomplir le Soi.[77]

À la différence près que chez celui-ci les pôles sont inversés. Les névrosés, équivalents des prisonniers, sont dits « suspendus dans les airs », c'est-à-dire qu'ils ne sont pas présentés comme vivants sous terre, sous le niveau du sol, comme c'est le cas dans la caverne, mais flottant au-dessus, « dans les airs ». Nous pouvons aisément comprendre cette inversion par le fait que pour la psychothérapie la sortie du système s'effectue vers l'intérieur plutôt que vers l'extérieur, la lumière étant le lieu de l'illusion et la vérité se trouvant cachée dans l'obscurité de la profondeur du moi.

---

[76] Platon, *Théétète*, 150 b.

[77] Carl Gustav Jung, *Psychologie du yoga de la Kundalinî*, deuxième conférence, 19 octobre 1932, p. 91.

De fait, associer le monde extérieur au principe masculin pose un réel problème. L'homme, en tant que pur esprit, est sorti dans l'espace pour poser ses jalons mais, biologiquement parlant, il se voit fatalement ramené au corps pour se perpétuer en tant qu'espèce, pour se survivre. L'homme est aussi, quoiqu'en dise la philosophie, et derrière elle la religion, un être organique qui saigne et qui boit, qui respire et qui mange. Un corps obscur qui s'abreuve à la source de la *materia prima*, de la terre-mère. Il doit donc retourner à l'intérieur pour s'y ressourcer, pour y respirer autre chose que l'air raréfié du pur espace, il doit regagner le monde du temps. L'homme ne peut pas vivre éternellement dans l'espace, il se situerait plutôt, d'un point de vue identitaire, dans cet aller-retour perpétuel entre l'intérieur et l'extérieur. S'il était question de donner une position ontologique à l'identité masculine, elle serait là, dans ce jeu dialectique permanent entre intériorité et extériorité, jamais complètement dedans, jamais complètement dehors, mais toujours entre les deux. Ne cessant d'essayer de s'affranchir du corps et d'y être ramené par voie de nécessité, c'est-à-dire toujours pris entre les deux principes mâle et femelle, espace et temps, extérieur et intérieur.

La figure du sage, tel Bouddha sous son arbre, que l'on se représente communément fournit également un bon exemple de l'association de l'homme à l'extériorité. Le sage se tient dehors, à l'écart du « bruit et de la fureur des hommes », il ne fait pas partie du système. De la même façon que le philosophe théoricien a quitté la caverne pour contempler le monde. En ce sens Socrate fait figure d'élément à part.

Le sage vit non seulement en-dehors du système mais il nous est également représenté sous des traits exclusivement masculins. Qui pourrait prétendre, en toute bonne foi, que l'image qu'il se fait du sage correspond à celle d'une femme, à un sage « femme », sans mauvais jeu de mots ? Il est important de noter à quel point l'identité masculine s'est accaparé le monde du dehors, de l'espace, etc. La femme a été produite culturellement comme un être de l'intérieur, elle a été conditionnée à jouer un rôle – sans même se demander dans quelle mesure elle en est partie prenante –, celui de femme d'intérieur. Je parle ici uniquement d'une représentation culturelle, je ne parle pas d'un individu particulier, d'un *substratum* quelconque qui dépasserait le cadre de nos représentations.

Ainsi peut-on nommer ce rapport, ce conflit, entre l'intériorité et l'extériorité, entre le temps et l'espace, entre la communication et la cognition, entre la femme et l'homme comme le conflit fondamental qui serait le principe moteur de notre identité commune et dire que nous nous trouvons toujours en plein cœur de celui-ci. Dans une extériorité qui cherche à se débarrasser du corps tout en s'y voyant sans cesse ramenée, et dans une intériorité qui est obligée de se positionner dans l'espace pour prendre conscience d'elle-même. C'est dans cette dualité, dans ce jeu dialectique, que nous nous situons. Nous ne sommes ni à l'extérieur, ni à l'intérieur, nous oscillons perpétuellement entre les deux, en gestation depuis le début de notre histoire.

Mais cette distinction ne va pas sans poser problème actuellement. Aujourd'hui, on demande à la femme d'assumer des rôles jusqu'alors réservés à l'homme et parallèlement, à l'homme, de réfréner ses pulsions ancestrales. Mais cela remet en question des siècles et des siècles d'élaboration culturelle. Et la question se pose de savoir s'il est tout simplement faisable de modifier ainsi des rapports identitaires, que l'homme ne se définisse plus exclusivement dans l'espace mais soit obligé de considérer l'intérieur comme faisant également partie de son identité, et que la femme réciproquement quitte le monde de la caverne pour s'aventurer dans l'espace, dans l'air raréfié du pur concept.

6. LES PRÉSUPPOSÉS DU DISCOURS PHILOSOPHIQUE TRADITIONNEL

J'analyserai dans ce chapitre les présupposés du discours philosophique traditionnel que je considère comme erronés d'un point de vue pratique et qu'il faudra donc remplacer, ou plus précisément inverser, pour remédier à ce problème de communication coextensif à la définition même de la philosophie telle qu'elle a été posée originellement par Platon et Aristote. il ne s'agira cependant pas d'essayer de produire un discours qui en soit exempt, comme ont tenté de le faire bon nombre de théoriciens sans jamais y parvenir, mais plutôt de repérer ceux qui s'avèrent fonctionnels dans tel ou tel contexte et d'éliminer les autres. Tout discours, par définition, ne pouvant opérer que dans le champ restreint des *a priori* qui le déterminent.

LA VÉRITÉ EST AILLEURS

Le premier présupposé de la philosophie théorique, qu'elle partage avec la religion et avec la science, est celui que je formulerais ainsi : *la vérité est ailleurs*. La vérité est ailleurs c'est-à-dire qu'elle n'est pas ici, qu'elle ne se situe pas dans le système, qu'elle n'est pas dans la caverne (caverne que j'utilise, je le rappelle, comme paradigme des systèmes fermés d'intercommunication dans lesquels nous vivons).

Historiquement, la philosophie grecque, en tant que modèle interprétatif, n'est pas première mais seconde. Elle arrive en réaction dans une caverne, dans une cité, où le mythe fait déjà autorité.

Le mythe, au V-IVème siècle avant J.-C. – période à laquelle la philosophie prend son essor – occupe la caverne, c'est le modèle de représentation originel. Il est d'ailleurs intéressant de remarquer à titre de parenthèse qu'au niveau des différentes représentations du monde le mythe ou la religion arrivent toujours premiers, philosophie et science n'arrivant qu'en réaction. Le premier type d'explication que l'homme donne au *monde-déjà-là*, comme je le nomme, c'est-à-dire au monde qu'il a trouvé en arrivant, dans lequel il a échoué en arrivant sans en connaître l'origine, est de nature religieuse ou mythologique. C'est-à-dire qu'il fait appel à des puissances surnaturelles pour expliquer ce qui lui échappe.

Les poètes qui étaient les porte-paroles de cette vision du monde seront chassés avec plus ou moins de délicatesse par les philosophes qui viendront prendre leur place ou, en tout cas, essayer de la prendre, et de remplacer le discours mythologique par un discours philosophique. Platon notamment s'excusera auprès d'« Homère et tous les autres poètes de ne point trouver mauvais que nous les effacions »[78], en disant au système et à la caverne, à ceux qui peuplent la caverne, à ceux qui peuplent la cité, qui se trouvent à l'intérieur, que la vérité n'est pas telle que l'on la leur raconte,

---

[78] Platon, *La République*, III, 387 b.

que la vérité n'est pas celle qu'ils croient, mais qu'elle est ailleurs et qu'ils vont devoir sortir de leur mode de représentation habituel pour la découvrir. C'est le premier présupposé. Si la perception immédiate que nous avons du monde se révélait suffisante, nous n'aurions pas besoin de philosophie. Si l'homme avait débarqué dans un monde qu'il comprenait, il n'aurait pas besoin d'interprètes. Nous arrivons, nous naissons dans un monde obscur. C'est-à-dire que l'homme, avant même que la religion ne fournisse une explication, vit déjà dans le mystère concernant toute origine. Il ne connaît pas les débuts. Il débarque, pour emprunter une formule littéraire, *in medias res*, au milieu des choses. Il n'était là ni au commencement du monde dans lequel il vit, ni aux débuts de son espèce – il n'en possède que des traces, il interprète des traces à partir desquelles il lui faut reconstruire ce qui lui semble le plus plausible, mais il ne lui est pas possible d'établir de communication directe –, ni même à son propre commencement en tant qu'individu. Sa mémoire personnelle plonge dans l'obscur. Ses premières années, il ne les connaît que via des paroles rapportées, les différentes interprétations de ses proches, à partir desquelles il s'est construit une image, une photo souvenir, la seule dont il dispose, et qui constitue son identité. On nous a dit, par exemple, que nous étions un gentil bébé, et nous pensons : « J'étais un gentil bébé. » Nous le répétons à qui veut bien l'entendre. Seulement nous n'étions pas là. Cette vision extérieure que l'on nous attribue, nous n'y aurions peut-être pas adhéré si nous avions pu nous voir de l'intérieur. Mais, hélas, nous ne disposons d'aucun moyen pour aller la vérifier et il ne nous reste plus qu'à la croire sur parole. Donc, aussi bien le monde, que l'histoire de l'espèce, que celle de chaque individu pris séparément, échappent, quant à leur origine, à la conscience humaine, à toute forme de connaissance directe que nous pourrions en avoir. Aussi l'homme s'interroge-t-il sur ces zones d'ombre auxquelles il n'a pas eu accès. Sa prime enfance, la prime enfance de son espèce, la prime enfance de son monde. La mythologie la première, pour ce qui est du modèle occidental tout au moins, vient proposer une explication. Une explication cohérente selon ses propres présupposés. Et c'est cette caverne dans laquelle débarque la philosophie, un monde expliqué par les dieux.

Les discours mythologique ou religieux d'abord, philosophique et scientifique ensuite, viennent donner un sens au monde, il ont une finalité cognitive. On pourrait rétorquer que la religion n'a pas une finalité cognitive à proprement parler, que le terme est inapproprié, ce que j'accorde. Réservons donc le terme à la philosophie et à la science. Il est cependant important de voir que la religion, comme la philosophie et comme la science, disent que la vérité n'est pas directement accessible, que nous n'y avons pas directement accès dans notre caverne. Selon le modèle platonicien, on le voit avec l'allégorie, il faut sortir du système. Il faut *sortir dehors* pour avoir accès à ce que les choses sont dans leur essence, c'est-à-dire pour elles-mêmes, en elles-mêmes, par elles-mêmes. Pour la science c'est la même chose, elle va dire que cette table sur laquelle j'écris n'est pas dure, qu'en réalité elle n'est composée quasiment que de vide. La science nous dit que notre perception directe, la façon que nous avons de nous représenter les choses, ne correspond pas à la réalité. Pour ce qui est de la religion, ce n'est guère différent. Elle nous dit que nous vivons dans un monde qui n'est pas celui où nous devrions vivre. La religion catholique pour ne citer qu'elle nous dit que nous sommes tombés là à cause d'une faute commise à l'origine mais que nous pouvons regagner le royaume des cieux qui est notre vraie place à condition de vivre selon ses préceptes. Donc, à chaque fois, la question de la vérité est un point de départ essentiel pour fonder ce type de discours. La vérité n'est pas celle que nous voyons, celle à laquelle nous avons accès, celle à laquelle nous sommes habitués, elle est ailleurs. Pourquoi ce présupposé est-il nécessaire ? Parce que sinon, encore une fois, rien ne saurait justifier l'intervention ni de la science, ni de la philosophie, ni de la religion. Elles doivent partir de ce présupposé et nous le faire admettre, pour pouvoir développer ensuite leur propre discours, partir de l'idée qu'il n'y a pas de savoir immanent au modèle de représentation commun sur lequel elle viennent se greffer, ou en tout cas que ce savoir n'est pas pertinent. « Penser, c'est dire non. »[79], nous dit Alain. Non à quoi ? si ce n'est au modèle précédemment admis.

Ce premier présupposé – pour en donner une autre expression marquante dans l'histoire de la philosophie – est également présent chez Descartes dans la première des *Méditations Métaphysiques* lorsqu'il fait appel au doute méthodique, qu'il remet en question tout le système de vérités dans lequel il évolue alors, l'environnement cognitif de son temps. Il le met en doute de manière méthodique pour développer sa propre version de la réalité, sa propre conception d'une science authentique comme alternative – c'est en tout cas comme cela qu'il la conçoit – au modèle erroné dans lequel il a été éduqué. Le *modus operandi* est le même : il ne s'agit encore une fois que de remplacer un système par un autre, de supplanter le système en place et de partir aussi de ce présupposé que la vérité, celle qui fait autorité, est erronée, n'est pas valide. Tant que l'on n'a pas persuadé son interlocuteur que ce en quoi il croit est faux, celui-ci n'a aucune raison de s'en remettre à une alternative.

Le discours scientifique en tant qu'il constitue le discours dominant de notre caverne actuelle est celui dont la vérité est la plus difficile à remettre en question. Autant nous l'acceptons assez facilement pour des assertions de type reli-

---

[79] Alain, *Propos sur les pouvoirs*, « L'homme devant l'apparence ».

gieux ou philosophique, autant celles de la science semblent inattaquables. Affirmer que les différents modèles scientifiques d'interprétation du monde tels qu'ils communiquent aujourd'hui avec le grand public tiennent autant de la fiction que la philosophie ou la religion, c'est-à-dire qu'ils restent confinés aux murs de la caverne, risque d'être un peu plus difficile à admettre. Nombreux sont ceux qui s'insurgeront en rétorquant que la science dit vrai dans la mesure où elle le prouve. Mais voici ce que dit Paul Ricœur, à propos de Max Black :

> L'argument central est que la métaphore est au langage poétique ce que le modèle est au langage scientifique quant à la relation au réel. Or, dans le langage scientifique, le modèle est essentiellement un instrument heuristique qui vise, par le moyen de la fiction, à briser une interprétation inadéquate et à frayer la voie à une interprétation nouvelle plus adéquate.[80]

J'insiste sur le terme employé de *fiction*, sur le fait que le modèle scientifique n'est qu'une interprétation métaphorisée en dernier lieu en langage ordinaire de résultats mathématiques qui ne sont pas directement traduisibles. Pour donner d'autres arguments, sans prétendre en faire une liste exhaustive, les modèles axiomatiques utilisés par la science demandent que soient d'abord acceptés lesdits axiomes – indémontrables par définition – pour fonctionner. Au niveau des sciences expérimentales également, les cobayes utilisés n'évoluent pas en situation réelle. Il s'agit de mises en situation artificielles qui ne correspondent pas à la réalité, qui en sont détachées. La science génère donc aussi sa propre caverne qui repose sur une axiomatique,

---

[80] Paul Ricœur, *la métaphore vive*, septième étude, « métaphore et référence », 4, « Modèle et métaphore », p. 302.

sur des protocoles expérimentaux qui sont dénaturés ou dénaturants, sur un matériel ou un appareillage qui fausse son rapport à un hypothétique réel, etc. L'idée d'une vérité scientifique qui collerait au réel demeure donc pour le moins incertaine. Car il faut bien comprendre que la vérité, que l'on définit habituellement comme une adéquation entre le jugement porté et l'objet visé, demande que soit établie une relation entre l'intérieur (le sujet qui juge) et l'extérieur (l'objet visé). Or, comme je l'ai déjà évoqué, il n'existe pas à l'heure actuelle de moyen de communication pertinent – j'entends par là qui ait fait ses preuves – entre le sujet et l'objet, entre l'intérieur et l'extérieur. C'est là le fond du problème.

LE DISCOURS PEUT NOUS Y MENER

Le deuxième présupposé nécessaire pour que le discours philosophique traditionnel puisse opérer sur son auditoire est relativement simple, il est valable pour tout discours à prétention cognitive, tout discours visant à faire connaître le monde dans lequel on se trouve via nos seules facultés rationnelles. Ce deuxième présupposé peut être énoncé comme suit : *le discours est susceptible de conduire à la vérité*. Cela pourra sembler évident à certains mais ce n'est pourtant pas le cas du discours sophistique, par exemple, qui n'a aucunement la prétention de dire le vrai. Il convient en effet de différencier deux modes d'utilisation du langage : un mode à visée simplement communicationnelle, d'un mode à prétention cognitive. Nous ne parlons pas forcément pour dire la vérité, nous pouvons parler simplement pour communiquer et entretenir de bons rapports avec autrui. Cette distinction entre finalité cognitive et communicationnelle du langage est très importante parce qu'elle génère souvent une incompréhension entre les interlocuteurs.

L'un pense qu'il s'exprime, ainsi que son vis-à-vis, pour dire la vérité, alors que l'autre se moque éperdument de savoir ce qui est vrai ou non et veut simplement que tout se passe bien entre eux. C'est un sujet de discorde fréquent entre les hommes et les femmes. D'où nombre de quiproquos et de mésententes alors qu'il suffirait de s'accorder au préalable sur la finalité que l'on attribue au langage : communication ou cognition ? Le deuxième présupposé de la philosophie traditionnelle qu'il nous faudra écarter en pratique philosophique est donc celui d'une finalité cognitive accordée au langage ordinaire.

LE *LOGOS* EST LE MIEUX PLACÉ

Troisième présupposé qui découle du précédent : *la philosophie est apte à produire ce discours*. Elle est même, si on l'écoute, la mieux placée pour le faire, pour atteindre la vérité. La vérité entendue encore une fois non pas comme une vérité intrasystémique mais comme une vérité qui nous ferait accéder au sens caché des choses, à leur réalité substantielle, à ce qu'elles sont au-delà des apparences que l'on leur prête, conditionnées par le système de valeurs en place. La philosophie d'obédience platonicienne – qui reste la philosophie majoritairement enseignée – prétend nous faire voir les choses débarrassées de leur gangue systémique artificielle dans laquelle l'homme aurait emprisonné la réalité du monde, ce *monde-déjà-là* dont je parlais plus haut, que l'homme a trouvé en arrivant. C'est son travail, elle prétend pouvoir y arriver. Elle prétend pouvoir nous faire sortir de la caverne ou du système de valeurs auquel nous appartenons pour nous faire accéder à l'essentialité de l'objet lui-même, aux régions supérieures de l'être.

LE POSTULAT DE PARMÉNIDE

Intéressons-nous maintenant à Parménide, classé parmi les penseurs présocratiques, donc à ce que l'on pourrait appeler un pré-philosophe, même si le fait de considérer traditionnellement Socrate comme le premier philosophe est, comme j'ai pu le faire remarquer par ailleurs, assez problématique puisqu'il ne sort pas de la caverne, entendue ici comme la cité athénienne, qu'il ne produit positivement, et quoique qu'ait pu être dit à son procès, aucun modèle alternatif. Socrate n'est jamais rien d'autre qu'un praticien – « l'art que, moi, je *pratique* », lui fait dire Platon dans le Théétète[81] – qui n'a jamais manifesté la moindre velléité de sortir du système de valeurs auquel il appartenait, qui s'est contenté de le remettre en question sans jamais produire aucun savoir à proprement parler : « procréer est puissance dont il [le dieu] m'a écarté. »[82] Parménide quant à lui officie durant la première moitié du Vème siècle avant J.-C. Plus vieux que Socrate de quelques décennies, il est malgré tout possible qu'ils se soient effectivement rencontrés comme nous le présente Platon dans son dialogue du *Parménide*, même si nous n'en avons aucune certitude. Parménide est le fondateur de l'école des Éléates, du nom d'une cité, Élée, qui se situait en Italie du Sud et qui faisait partie de la Grande Grèce. Une école de pensée dont est issu aussi, notamment, Zénon d'Élée connu pour l'énoncé de ses formidables paradoxes dits « paradoxes de Zénon », qui fût son principal disciple et qu'Aristote considère par ailleurs comme l'inventeur de la dialectique. Pourquoi s'intéresser à Parménide ? Platon, que l'on peut considérer comme le fondateur de la version traditionnelle de la philosophie

---

[81] Platon, Théétète, 150 c.

[82] *Ibid.*

(même si Aristote le maintient encore au rang des simples dialecticiens), est, à mon sens, le résultat d'un mixte, d'un savant mélange, entre Socrate et Parménide. Pour ce qui est de l'influence de Socrate, c'est assez évident, Platon en était ouvertement le disciple et ne cesse d'y avoir recours, de l'utiliser, dans presque tous ses dialogues. C'est son « personnage », son « avatar », dirait-on aujourd'hui : l'avatar de Platon, c'est Socrate. Mais si Platon est effectivement le produit de l'influence de Socrate, Socrate lui-même utilise une méthode qui, si l'on s'en réfère à ce que nous dit Platon dans le dialogue du *Sophiste*, serait issue de Parménide :

> que préfères-tu, d'ordinaire ? Développer tout seul, dans un long exposé, la thèse que tu veux démontrer, ou bien employer la méthode interrogative, celle dont, en un jour lointain, Parménide usa lui-même, quand il développa des arguments merveilleux en la présence du jeune homme que j'étais[83]

Platon ne nous dit pas explicitement que Parménide en est à l'origine mais en tout cas que celui-ci l'utilisait déjà avant Socrate. Il est important de remarquer dans cet extrait la distinction que fait Platon entre la thèse, c'est-à-dire entre l'argumentation d'un locuteur, et la méthode dialogique qui consiste en un échange avec un interlocuteur et que reprendra Socrate. Il s'agit de deux visions très différentes de la façon dont on peut transmettre, dont on peut communiquer, dont on peut philosopher. Soit de manière doctrinale avec un locuteur unique s'adressant à un auditoire aussi restreint soit-il, soit de manière dialogique en utilisant la méthode de réfutation par questions et réponses que l'on nomme la dialectique. Il faut cependant noter une

---

[83] Platon, *Le Sophiste*, 217 c.

différence essentielle entre Parménide et Socrate dans l'usage qu'ils font de cette méthode. En effet, on peut déduire de l'extrait précédent que Parménide s'en sert comme d'un moyen rhétorique, ou si l'on veut pédagogique, pour enseigner ses propres thèses quand Platon parle des « arguments merveilleux » que cette méthode lui permet de développer, alors que Socrate l'utilise uniquement comme un moyen de réfutation et à des fins aporétiques, c'est-à-dire pour conduire le système de pensée de son interlocuteur à une impasse selon les propres critères logiques de celui-ci. Socrate ne va jamais plus loin. Parménide fait un pas de plus. C'est pour cette raison que j'avance que Platon est le résultat de Socrate additionné à Parménide. Parce que Parménide sort de la caverne et pas Socrate. Socrate conduit la caverne à son aporie en montrant que le système échoue selon ses propres règles mais ne propose aucune alternative. Parménide quant à lui utilise la méthode interrogative de la même manière qu'elle est utilisée, comme je l'ai montré, dans le dialogue du Ménon, à savoir pour conduire son interlocuteur à adopter ses thèses. On peut donc considérer Parménide, aussi bien parce qu'il est cité par Platon comme référence à la méthode interrogative utilisée par Socrate, que pour son principal postulat : « *τὸ γὰρ αὐτὸ νοεῖν ἐστίν τε καὶ εἶναι* » que l'on traduit par : « car le pensé et l'être sont une même chose »[84], comme le principal initiateur de la philosophie dans son acception traditionnelle. Derrière ce postulat se trouve en effet toute la version théorique de la philosophie occidentale. Parménide est le premier à formuler dans son poème l'adéquation entre le discours et l'être. Si l'on n'admet pas ce postulat c'est toute la philosophie qui s'écroule d'un coup selon les dires de Platon lui-même : « garder le discours au nombre des

---

[84] Marcel Conche, *Parménide, Le Poème : Fragments.*

genres de l'être. Nous en priver, en effet, serait d'abord, perte suprême, nous priver de la philosophie. »[85] Ce postulat se retrouve également chez Aristote sous la forme : « autant une chose a d'être, autant elle a de vérité. »[86] La vérité étant relative au jugement porté et à son adéquation avec ce qui est. Donc l'homme se révèle capable de dire le monde. Pas n'importe quel monde, pas celui de la caverne, pas le monde *intra muros* tel que je l'ai défini, mais le monde tel qu'il est. Ce monde tel qu'il est que je nomme le *déjà là*, celui que l'homme en tant qu'animal culturel a trouvé en arrivant, qui a commencé avant lui, qui subsiste indépendamment de lui. Le pensé, le discours logique, le *logos* serait capable de l'atteindre, serait capable de le dire en vrai.

Une formulation plus connue de ce postulat qui regroupe à lui seul les trois présupposés de la philosophie théorique développés plus haut, apparaît chez Descartes dans le *Discours de la méthode* avec l'énoncé du *cogito* : « je pense, donc je suis »[87], ainsi que dans les *Méditations Métaphysiques* : « il faut conclure, et tenir pour constant, que cette proposition, Je suis, j'existe, est nécessairement vraie, toutes les fois que je la prononce, ou que je la conçois en mon esprit. »[88] Être et pensée, s'y voient, encore une fois mêlés. Mais pas n'importe quelle forme de pensée. Il ne s'agit pas ici de simples divagations auxquelles on se laisserait aller. Non, *je pense*, c'est Descartes qui pense. C'est donc une pensée rationnelle, une pensée logique. C'est la dimension de *logos* qui est ici mise en avant. Ce n'est pas je rêve, j'imagine, etc. C'est *je pense* en tant que Descartes-philosophe, qui réfléchit et qui développe un discours ration-

---

[85] Platon, *Le Sophiste*, 260 a.

[86] Aristote, *Métaphysique*, α, 1, 993 b.

[87] Descartes, *Discours de la méthode*, 4ème partie, p. 91.

[88] Descartes, *Méditations métaphysiques*, 2ème méditation, p. 25.

nel, un *logos*. Et parce que je pense, je suis. L'assimilation de la pensée à l'être est le point de départ, le postulat fondamental, la clef de voute du cartésianisme, la garantie qui va permettre de reconstruire tout l'édifice de la connaissance.

Il faut partir de ce postulat fondateur pour que la philosophie prenne corps, sinon elle ne prend pas. Si vous dites à un philosophe que le discours n'est pas capable de dire la vérité, il ne peut plus rien faire, vous le désarmez complètement. Nous retrouvons donc une expression du postulat de Parménide dans le *cogito* cartésien. La pensée y est le signe indubitable de l'être, pensée et être y sont intimement, essentiellement liés ; l'un n'existant pas sans l'autre, ou n'ayant aucune garantie d'existence et réciproquement. Mais ce qui est tout aussi intéressant, c'est la manière dont Descartes poursuit. Un peu plus loin dans les *Méditations*, il se pose la question : « Mais qu'est-ce donc que je suis ? » Et il est bien en droit de se la poser, puisqu'il a démontré auparavant qu'il pouvait douter de tout, du système, des référents, des prétendues vérités, de son propre corps, etc. Et il répond : « *Ego sum res cogitans* », « Je suis une chose qui pense »[89]. C'est-à-dire, pour faire bref, une abstraction pure. Et c'est bien là le problème que pose la philosophie quand elle veut dire quelque chose selon ses propres critères définitionnels. En vidant le corps, en le dépossédant de sa substance ou de sa matière, de son intériorité, en le sortant de la caverne, en quittant le temps, le contingent, le fuyant, etc., elle ne parvient qu'à atteindre un monde désincarné de purs concepts, l'espace ou l'*étendue* selon Descartes. Une chose qui pense, une *res cogitans*, quelque chose dont on ne peut rien dire hormis le fait que ça – ce total indéterminé – pense, hormis cette activité purement abstraite. Voilà où conduit la philosophie quand elle sort de la

––––––––––––––––––––

[89] *Ibid.*, p. 29.

caverne : à de purs concepts, à un monde vidé de toute intériorité. Un monde de baudruches vides ou d'enveloppes sans matière, où ne subsistent que de simples formes perdues dans l'espace et où nous perdons peut-être l'essentiel, à savoir la vie. Ce que démontre le *cogito*, c'est que le discours cartésien n'est pas capable de dépasser par ses propres moyens le stade de la *res cogitans*, de la « chose pensante ». Le discours en lui-même, en tant que discours logique, philosophique, n'est capable de produire aucune détermination concrète de là où il se trouve, c'est-à-dire du dehors de la caverne.

Comment va donc s'y prendre Descartes pour retrouver le monde ? Dans la première méditation il a nié complètement l'existence de la caverne. Il y dit, comme Platon, que la caverne c'est l'illusion – entendons par là les repères du monde dans lequel il a été éduqué –, qu'il a grandi dans un monde d'illusions, de faux-semblants, etc., et qu'il ne va pas perdre son temps à chercher à les vérifier. Tout ce dont il peut douter, il va le mettre à l'écart. Et qu'est-ce donc qu'il lui reste ? Rien, mis à part l'équivalent du postulat de Parménide : le *je pense donc je suis*, l'adéquation entre la pensée et l'être, qui constituera pour Descartes le point de départ de tout son système de pensée. Maintenant comment va-t-il s'y prendre pour reconstruire le reste ? Parce qu'il ne va pas demeurer seul dans sa bulle ou dans son poêle, pour reprendre une de ses expressions[90], pour le restant de ses jours. Il lui faut bien retrouver, d'une manière ou d'une autre, un monde sur lequel s'appuyer. Il va utiliser un principe irrationnel, qu'il s'efforcera de rationaliser à sa manière : Dieu. C'est grâce à Dieu, par le détour de ce métaprincipe, que Descartes reconstruit le monde. Il le rebâtit en démontrant que Dieu, parce qu'il est parfait, n'a pas pu

---

[90] Cf. Descartes, *Discours de la méthode*, deuxième partie, « règles de la méthode », p. 58.

nous tromper et donc que ce monde, tel que je le perçois, existe bel et bien.

Pourquoi parler de Descartes et de son entreprise de reconstruction qui suit le doute méthodique ? Parce qu'il semble que toute doctrine philosophique fonctionne par l'immixtion à un moment donné de son argumentation de ce que j'appelle un « méta-principe » ou principe transcendantal, un principe qui transcende les règles de la raison. La philosophie dans son versant théorique est obligée de postuler l'existence d'une entité irrationnelle pour établir ce collage entre le discours et l'être. Descartes se sert de Dieu pour cela, Platon quant à lui présuppose le monde des idées, Aristote le premier moteur, etc. Tous ont recours à un principe indémontrable qui leur permet ensuite de retrouver le monde réel et d'en donner une explication logique. J'insiste donc sur ce fait, que toute doctrine philosophique doit postuler à un moment donné l'existence d'un méta-principe pour justifier la pertinence de son discours. Un principe qui soit au-delà de toute expérience possible et qui lui permette de donner sens à la réalité. Toute doctrine philosophique intègre ainsi, à un moment donné de son discours, une composante métaphysique.

Pour en revenir au postulat de Parménide, Pierre Aubenque écrit dans une des études qu'il lui a consacrées que : « la prémisse parménidienne selon laquelle parler (*legein*), c'est dire l'être, ne sera contestée ni par Platon ni par Aristote [...] Que parler soit dire l'être, telle est donc la « décision » qui est au fondement de la « thèse » de Parménide. »[91] Le terme de décision est ici déterminant. Il sera également utilisé par Barbara Cassin pour le titre de son commentaire du livre Γ de la *Métaphysique* d'Aristote, *La décision du sens*. C'est à partir de cette assimilation entre dis-

---

[91] Pierre Aubenque, *Études sur Parménide*, tome 2, « Problèmes d'interprétation", p. 121.

cours et être que la philosophie va pouvoir développer sa dimension théorique, distincte de celle, critique, associée originellement à Socrate, et qui se limite à une simple méthode d'investigation des modes de représentation en présence.

LA RÉPONSE DE GORGIAS

Les sophistes quant à eux, toujours selon Barbara Cassin, « réfutent l'abstraction vide de l'être éléatique » – le terme éléatique renvoyant ici directement à la pensée de Parménide – « par la considération des choses effectives »[92] – donc de ce qu'ils ont devant les yeux, du monde auquel ils participent. Tandis que la philosophie, comme dit plus haut, au même titre que la science ou la religion, ne saurait justifier sa pertinence sans démontrer d'abord que le monde dans lequel nous vivons n'est pas le bon. Les sophistes refusent cette idée, lui préférant « la réalité du monde sensible et vivant »[93]. Ils ne se préoccupent donc pas de la question de la vérité à proprement parler, mais surtout ils affirment que seule importe la caverne, le système. Tout le reste, tout ces soi-disant mondes du dehors, qu'ils soient de nature mythique ou philosophique, ne sont que des fantasmes ou des modèles illusoires. N'existe selon eux que le monde dans lequel nous vivons.

Gorgias va donc réagir au postulat de Parménide en écrivant son fameux *Traité du non-être*, dans lequel il va contester le tour de force de ce dernier qui sera le déclencheur de la philosophie telle que nous la connaissons encore aujourd'hui : « Dans le Traité du non-être de Gorgias,

---

[92] Barbara Cassin, *L'effet sophistique*, I, 1, « Gorgias critique de Parménide : empirisme ou rhétorique ? », p. 23.

[93] *Ibid.*

il s'agit [...] d'un tout autre rapport entre l'être et le dire. Gorgias manifeste comment le poème [de Parménide] est lui aussi [...] une performance discursive »[94]. Barbara Cassin, à propos de la signification du discours chez Gorgias, affirme ainsi qu'il s'agit d'une performance, en tant qu'il crée, qu'il génère un monde. Elle ne dit pas que le discours dit l'être, que le discours se réduit à l'être comme le ferait la philosophie, mais, à l'inverse, que l'être se réduit au discours. Les perspectives se voient inversées. Lorsqu'une histoire est racontée, une représentation est générée dans l'esprit de l'auditeur mais celui-ci n'est nullement obligé de s'intéresser à la question de savoir si celle-ci est vraie ou non. Quand on raconte par exemple une histoire à un enfant, ce qui est important pour lui c'est l'histoire en elle-même et pour elle-même, peu importe que le père Noël, par exemple, existe réellement ou non. L'exemple du père Noël est instructif à cet égard car il permet de distinguer Platon d'un sophiste. Platon, pourrait-on dire, sort de la caverne et déclare que le père Noël n'existe pas, mais le sophiste lui répond que l'on n'est pas dans la cognition, on est dans la communication. Peu importe que le père Noël soit vrai ou non, regardons ce qu'il génère. En effet, si le propos de Gorgias réduit de manière négative la valeur de tout énoncé à un simple effet rhétorique, il ne se limite pourtant pas à cela. Barbara Cassin poursuit en ces termes : « [...] loin d'avoir à charge de dire une donation originaire, quelque « est » ou « il y a », il produit bel et bien son objet ». Et c'est ce rôle générateur du discours en lui-même qui intéresse tout particulièrement la pratique philosophique, par opposition à la visée philosophique traditionnelle. Il n'est pas question, en effet, d'un objet ou d'un *monde-déjà-là*, mais d'un monde généré *ex nihilo* par le discours lui-

---

[94] *Ibid.*, Introduction, « Constitution-exclusion : de la première à la seconde sophistique », p. 13.

même. « […] jusque dans et par la syntaxe de ses phrases. L'être, de manière radicalement critique par rapport à l'ontologie », c'est-à-dire par rapport à un discours qui prétendrait dire effectivement ce qui est, « […] n'est pas ce que la parole dévoile », – comme si le discours permettait de soulever ce voile d'illusions qui cache la vérité –, « […] mais ce que le discours crée, « effet » du poème comme le héros « Ulysse » est un effet de l'Odyssée. Si la philosophie veut réduire la sophistique au silence, c'est sans doute parce qu'à l'inverse la sophistique produit la philosophie comme un fait de langage. »[95] Un *simple* fait de langage, pourrait-on ajouter. C'est sur ce point précis que philosophie et sophistique se révèlent incompatibles, la philosophie ne pouvant accepter le point de vue sophistique sans se renier elle-même dans sa définition.

Le discours sophistique se revendique donc, non pas comme un discours qui dit l'être, qui serait coextensif à l'être, qui serait là pour permettre de sortir de la caverne, il n'est pas là pour établir une connexion transcendantale avec l'essence de l'objet visé, mais l'être, au contraire, devient un simple effet du discours lui-même, l'être devient un effet du dire. Il y a assimilation de l'être au discours et non plus assimilation du discours à l'être. L'ontologie change de sens, elle devient, pour reprendre le terme utilisé par Barbara Cassin, une « logologie ». Elle rentre dans la caverne. L'être au-dehors que la philosophie voudrait atteindre n'est qu'un fantasme, une illusion idéaliste, pourraient dire les sophistes. Le dehors de la caverne n'est qu'une projection platonicienne pour essayer de déstabiliser le système en place. Le discours perd donc ici toute valeur ontologique et fait disparaître par la même occasion, ce qu'il est important de noter, la question de la vérité. *À l'intérieur du système, la*

---

[95] *Ibid.*

question de la valeur vient se substituer à celle de la vérité. La question n'est pas alors de savoir si ce qui est dit est vrai ou non, mais de savoir la valeur que l'on accorde à ce qui est dit. Ce qui transparaît très bien lors des discussions les plus anodines, le plus important n'est pas tant que la vérité soit dite, mais que ce qui est dit s'accorde avec ce que l'on pense. Peu importe, à la limite, que cela soit vrai ou faux, c'est surtout la valeur que l'on accorde au propos qui est déterminante. Nietzsche :

> Les hommes ne craignent pas tant le fait d'être trompés que le fait que l'on leur nuise par cette tromperie : à ce niveau-là aussi, ils ne haïssent pas au fond l'illusion, mais les conséquences pénibles et néfastes de certains genres d'illusions. Une restriction analogue vaut pour l'homme qui veut seulement la vérité : il désire les conséquences agréables de la vérité, celles qui conservent la vie ; face à la connaissance sans conséquence il est indifférent, et à l'égard des vérités destructrices il est même hostile.[96]

La divergence principale de la sophistique en regard du postulat de Parménide qui constitue le point de départ de la philosophie théorique est donc que la vérité ne se situe pas dehors, la vérité est là d'où vous parlez. À l'intérieur de la caverne-système. Fait qui rappelle la fameuse formule d'un autre grand sophiste, Protagoras, celle de *l'homme mesure*, au travers de laquelle la sophistique trouve son expression la plus radicale : « L'homme est la mesure de toutes choses ; pour celles qui sont, mesure de leur être ; pour celles qui ne sont point, mesure de leur non-être. »[97] Cette position a été fréquemment critiquée sous le nom de relativisme. Mais par-delà la critique, ce qu'il faut bien voir,

---

[96] Nietzsche, *Vérité et mensonge au sens extra-moral.*

[97] Platon, *Théétète*, 152 a.

c'est que la philosophie n'a jamais été capable de démontrer le contraire, à savoir qu'un point de vue objectif était effectivement possible sans postulats extrinsèques d'aucune sorte. Cette formule se révèle d'autre part déterminante en ce qu'elle traduit également le passage de la notion de vérité considérée comme fondamentale, à celle de la simple « valeur accordée à ». Dans un monde sophistique, tout devient une question de valeur[98]. Tandis que tout est une question de vérité dans un monde à dominante théorique. Avec ce passage de la vérité philosophique à la valeur sophistique, « le physique que la parole découvre », – physique entendu ici comme nature ou monde –, « [...] fait place au politique que le discours crée. »[99] Nous entrons dans un monde de fiction.

LE DISCOURS FICTIONNEL

On perd de vue la vérité, ce qui constitue, pour reprendre les mots de Platon, une « perte suprême »[100] pour la philosophie. On perd le monde à l'extérieur pour autant que l'on considère la philosophie comme un simple fait de discours. Il n'y a plus rien en dehors de la caverne, il ne reste que la caverne. Mais il y a cependant une contrepartie intéressante dans cette position qu'adopte la sophistique

---

[98] Ce qui permet encore une fois de rapprocher Socrate du camp des sophistes, puisque son travail de remise en question porte exclusivement sur les valeurs morales de la cité athénienne et ne développe positivement aucun savoir.

[99] Barbara Cassin, *op. cit.*, II, « Une logique politique », p. 152. Nous entendons ici *politique* au sens large de ce qui renvoie à la société, au corps social. Le discours aura ici pour fonction d'entretenir les liens entre les membres d'une même communauté culturelle.

[100] Platon, *Le Sophiste*, 260 a.

vis-à-vis du discours : la possibilité de la fiction. Le discours devient potentiellement générateur de fiction. Il n'a plus pour fonction de dire l'être, il n'a plus pour fonction de dire la vérité, mais il peut dire la fiction. Il faut bien comprendre, comme je l'ai déjà mentionné, que les poètes sont considérés comme *persona non grata* par les philosophes. Même lorsque qu'un philosophe comme Heidegger s'intéresse, par exemple, à la poésie de Hölderlin ou de Rilke, ce n'est pas tant pour leur poèmes en tant que tels, que pour l'être qu'ils dévoilent[101]. La fiction n'a pas sa place en philosophie, ce que cherche la philosophie, c'est à effectuer le collage entre le discours et l'être. La sophistique, à l'opposé, en ôtant sa fonction de vérité au discours, donne à la fiction la possibilité de se développer au travers de la littérature.

Mais en quoi précisément la littérature intéresse-t-elle le philosophe praticien ? En ce que celle-ci, en prenant en compte l'intériorité, le point de vue subjectif, va notamment donner à la femme, en tant qu'identité distincte, son rôle à jouer. Tandis qu'elle n'a pas sa place en philosophie[102][103]. Elle y est symboliquement associée à l'intérieur, à l'obscur, au non-signifiant. Mis à part peut-être pour ce qui est des oracles de l'antiquité qui étaient majoritairement

---

[101] Cf. Heidegger, *Chemins qui ne mènent nulle part*, « Pourquoi des poètes ? ».

[102] En psychanalyse, *a contrario*, la femme joue un rôle. Ce qui s'explique par le fait que la psychanalyse est une pensée de l'intérieur et qu'elle est dans la continuité, en ce sens, du schéma sophistique ; qu'elle n'attribue pas de fonction de vérité au discours. Ce qui explique également qu'elle ne soit pas reconnue comme une science, car ne fonctionnant pas sur des identités fixes.

[103] La science, comme la philosophie sont essentiellement de nature masculine. Je parle ici bien sûr, pour la philosophie, de la mouvance platonico-aristotélicienne qui a dominé jusqu'à aujourd'hui.

des femmes. Même s'il ne s'agit pas là encore, à proprement parler, d'une parole rationnelle. Il s'agit d'une parole intermédiaire entre l'obscurité et la lumière, encore teintée de mysticisme, entendons par là d'irrationnel. Or la philosophie s'est positionnée idéologiquement en opérant une césure radicale entre d'un coté l'âme associée à l'homme et de l'autre, dans un rapport symétriquement inverse, le corps associé à la femme. La femme renvoyant à la matière, à la *materia prima* indifférenciée, et l'homme à la forme, au monde éthéré du pur concept, les deux étant donnés comme incompatibles. Ce qui n'est pas sans rappeler l'opposition nietzschéenne entre ces courants de force fondamentaux qu'il nomme dionysiaque et apollinien :

> Nous aurons beaucoup fait pour la science esthétique, quand nous en serons arrivé non seulement à l'observation logique, mais encore à la certitude immédiate de cette prise de position selon laquelle le développement de l'art est lié à la dualité du dionysien et de l'apollinien : de la même manière que la dualité des sexes engendre la vie au milieu de luttes continuelles et par des rapprochements seulement périodiques.[104]

Si Nietzsche utilise cette distinction pour parler de l'art et plus précisément de la tragédie grecque à ses débuts, celle-ci peut s'étendre non seulement à la philosophie mais à toutes les disciplines se revendiquant comme purement abstraites, à commencer par les mathématiques. C'est à l'homme en tant qu'identité masculine qu'il appartient, dans ce genre de disciplines, de produire les concepts et à lui seul. Ne dit-on pas, d'ailleurs, que les femmes sont mauvaises en mathématiques ? Il ne s'agit pas d'un simple cliché, les femmes ont été déterminées historiquement à occuper une position

---

[104] Nietzsche, *La naissance de la tragédie*, chap. 1.

identitaire qui les en exclut. Elles se doivent, culturellement parlant, pour correspondre à cette image forgée depuis l'antiquité grecque, aussi bien par la philosophie que par la science, d'être mauvaises en mathématiques. Cette prédominance du masculin pour tout ce qui touche à la forme, par opposition au féminin renvoyant au corps ou à la matière se retrouve aussi bien chez Platon que chez Aristote, les deux philosophes qui conditionneront le plus profondément la philosophie occidentale. Chez Platon, notamment dans l'extrait du *Théétète* déjà mentionné où Socrate définit son art : « Mon art de maïeutique a mêmes attributions que le leur [celui des sages-femmes]. La différence est qu'il délivre les hommes et non les femmes et que c'est les âmes qu'il surveille en leur travail d'enfantement, non point les corps. »[105] Chez Aristote : « C'est le mâle qui apporte la forme et le principe du mouvement; la femelle apporte le corps et la matière »[106], ou encore : « le mâle donne le principe du mouvement, tandis que la femelle donne la matière »[107].

L'*homo philosophicus* n'a pas de corps[108], au sens de référent identitaire et culturel, et non au sens d'un quelconque substrat organique dont la pratique philosophique ne prétend rien pouvoir dire. La pratique philosophique parce qu'elle ne s'adresse pas à des identités abstraites (qui ne sont en dernier ressort que des expressions déguisées de l'identité masculine), mais à des identités incarnées, se doit de réhabiliter la femme (et l'homme comme être masculin,

---

[105] Platon, *Théétète*, 150 b.

[106] Aristote, *Traité de la génération des animaux*, livre premier, chap. XIV, 729 b.

[107] *Ibid.*, chap. XV, 730 b.

[108] J'entends ici *homo* au sens qu'il prît dès l'époque impériale, à savoir celui d'« être humain du sexe masculin » en supplantant *vir*.

c'est-à-dire dans son corps) en tant qu'identité signifiante. Parce que c'est de ce schisme initial et de cette évacuation du féminin par la philosophie qu'est née son incapacité à communiquer efficacement avec l'intérieur du système[109].

Dire que les femmes sont conditionnées culturellement à ne pas être bonnes en mathématiques est peut-être simplificateur. Mais c'est là encore une différence significative entre la philosophie traditionnelle et la pratique philosophique. Si la philosophie traditionnelle se définit selon les mots de Deleuze comme « l'art d'inventer, de former, de fabriquer des concepts »[110] – ce qui fait par ailleurs partie des reproches récurrents que lui adressent ses détracteurs, à savoir de produire un discours inutilement complexe –, la pratique philosophique se définirait plutôt, à l'inverse, comme l'art de réduire les concepts à leur plus simple expression : celui de la différence homme/femme dont les couples extérieur/intérieur, espace/temps, forme/matière, philosophie/sophistique, etc., ne sont que des prolongements, avec pour charge de réhabiliter le deuxième terme du rapport sur lequel la philosophie traditionnelle a voulu faire l'impasse.

---

[109] Sur la prévalence du masculin dans notre conception du monde voir également Luce Irigaray, *Speculum. De l'autre femme*, éd. de Minuit, 1974 et *Ce sexe qui n'en est pas un*, éd. de Minuit, 1977.

[110] Gilles Deleuze et Félix Guatarri, *Qu'est-ce que la philosophie*, « introduction ».

7. LES LIMITES DE LA LOGIQUE

Le discours philosophique est un discours logique. Ne saurait être considéré comme philosophique, au sens traditionnel du terme, toute forme de discours qui déroge à cette règle. *A contrario*, en pratique philosophique, la logique du discours n'est pas une fin en soi. Elle n'y est utilisée que comme un moyen de faire ressortir les incohérences internes des modèles de représentation en présence. C'est davantage au travers de la contradiction que se définit la pratique philosophique.

Mais pour commencer qu'appelle-t-on la logique ? C'est un terme d'usage relativement fréquent. Quant à savoir exactement ce qu'il recouvre, ce n'est pas aussi évident. Nous disposons tous d'une forme de logique qui nous permet d'interagir au quotidien avec notre environnement, en utilisant les informations à notre disposition dans la mesure où celles-ci s'organisent de manière cohérentes entre elles. Elles se doivent d'être cohérentes entre elles. Si dans mon monde, dans mon univers mental ou mon « aquarium personnel » comme il m'arrive de le nommer, les informations dont j'ai conscience se bousculent les unes les autres, ne se coordonnent pas, je vais me retrouver dans une situation extrêmement difficile à gérer. Une situation où mon univers mental sera perturbé, où je ne saurai plus comment réagir. Pour le dire simplement, je m'attends, quand je tourne la poignée d'une porte, à ce que celle-ci s'ouvre. C'en est la suite logique.

Cette logique usuelle diffère par ailleurs sensiblement d'un individu à l'autre. C'est un peu comme pour les goûts et les couleurs : nous voyons les choses d'une certaine manière, tandis que notre voisin les voit différemment, mais ce n'est pas pour autant que nous allons en changer. Il suffit que celle-ci – notre façon de voir, notre logique – se soit révélée suffisamment pertinente pour nous guider jusque-là où nous nous trouvons actuellement. On pourrait également parler ici de logique opératoire ou fonctionnelle.

Qu'en est-il maintenant de la logique en général, cette science formelle que l'on appelle la Logique ? Le terme renvoie à celui de *logos*, un terme qui demande lui aussi certaines explications. On peut assimiler le *logos* au langage que l'on utilise pour communiquer les uns avec les autres. C'est un terme qui est fortement rattaché à la notion de parole. Par exemple, au début de l'évangile de Jean nous trouvons : « Au commencement était la parole. », et, dans le texte grec d'origine, le mot utilisé pour parole est *logos*. C'est une parole, le *logos*, mais ce n'est pas n'importe quelle parole. Ce n'est pas une parole métaphorique, ce n'est pas une parole dictée par nos émotions, ce n'est pas une parole réflexe. Le *logos*, c'est une parole construite que la raison assume. Ce que l'on traduit généralement par *discours rationnel*. Il faut que celui-ci exprime clairement la volonté de l'émetteur de se faire bien comprendre du destinataire, que l'énonciation soit suffisamment cohérente en elle-même pour ne pas nécessiter d'avoir recours à des principes d'explication externes.

Comme il y a différentes logiques au niveau individuel, il y a différents *logos*, terme que nous entendons ici de manière supra-individuelle et renvoyant à des disciplines institutionnelles. Par exemple, les mathématiciens utilisent leur propre *logos*. Un *logos* que nous ne partageons pas. Nous n'utilisons pas le *logos* mathématique pour communiquer entre nous dans la vie de tous les jours où, d'ailleurs, la logique proprement mathématique n'intervient que rarement et si le langage usuel peut y faire référence, c'est généralement pour des raisons qui relèvent davantage de la rhétorique.

LE PRINCIPE D'IDENTITÉ

La Logique remonte à l'antiquité. Celui qui la met en place, que l'on considère comme le fondateur ou le père de la logique, c'est Aristote au IVème siècle avant J.-C. Aristote qui va établir les premières règles de cette logique que l'on ne cessera d'utiliser par la suite. Pour comprendre les règles fondamentales de la Logique, il faut donc remonter à la logique aristotélicienne. On la connaît bien cette logique, on peut dire qu'elle a été complètement assimilée, complètement intégrée à notre façon de penser. Si le nom d'Aristote peut en effrayer certains, elle est également connue sous le nom de logique binaire de type OUI/NON. Elle apparaît dans le système de codage informatique sous la forme 0/1. Si c'est blanc, ce n'est pas noir et si c'est noir, ce n'est pas blanc. C'est la logique avec laquelle on continue de fonctionner aujourd'hui. Et le premier principe, un principe essentiel de cette logique de type aristotélicien (même si Aristote n'en fait usage que de manière implicite), c'est ce que l'on appelle le principe d'identité, à savoir : *a est a et, si a est, non a n'est pas.* Ce qui veut dire plus simplement qu'il faut appeler un chat un chat. Si c'est un chat, ce n'est pas un chien. Il s'agit de quelque chose d'assez important, cette entente sur le nom, cette entente logique. Si l'on commence à ne plus être d'accord sur l'association que l'on fait entre le nom et ce qu'il désigne, cela va poser de sérieux problèmes de communication. Ce genre de problèmes que l'on retrouve par exemple dans *De l'autre côté du miroir* de Lewis Carroll. Dans le monde d'Alice, un monde qui n'est plus un monde gouverné par la logique, celle-ci rencontre, à un moment donné de ses pérégrinations, un personnage assez désagréable du nom d'Humpty Dumpty à qui elle reproche de ne pas employer les mots de manière correcte. Et le personnage en question lui répond qu'il a dans cet univers tous les pouvoirs et que c'est lui qui décide de la signification qu'il souhaite donner aux mots[111]. En adoptant une telle position, il n'y a plus d'entente, de communication possible, entre les interlocuteurs. Pour que la communication puisse fonctionner *inter nos*, il faut que *a soit a et que si a est, non a ne soit pas*, que l'on maintienne le principe logique d'identité.

En même temps, ce n'est pas aussi simple que ça, parce que souvent il semble que l'on s'accorde sur la signification du nom, c'est-à-dire que l'on soit apparemment dans une communication logique, alors qu'en fait nous ne renvoyons implicitement pas du tout aux mêmes choses.

Je différencie ici la logique individuelle qui est celle qui proprement m'intéresse en pratique philosophique, de la logique abstraite que je rattache à la philosophie théorique. J'entends par logique individuelle un système subjectif de représentation suffisamment cohérent pour permettre à chacun d'interagir efficacement avec son environnement propre. Or dans ces systèmes subjectifs de représentation,

---

[111] Lewis Carroll, *De l'autre côté du miroir*, 6. « Le Gros Coco », p. 275.

l'ensemble des éléments se coordonnent d'une manière particulière qui n'est pas forcément compatible d'un individu à l'autre. Je maintiens le terme de logique car il s'agit bien, malgré tout, d'élaborations rationnelles, même si la dimension subjective entre ici en ligne de compte. *De facto*, chacun possède un mode de représentation, une façon de se représenter les choses qui lui a au moins permis d'arriver jusque-là où il se trouve. À ce titre, je ne privilégie, en pratique philosophique aucune forme de logique particulière. Il s'agit plutôt d'analyser, à partir de leurs propres présupposés, la pertinence des différentes logiques en présence dans une situation donnée.

Par exemple quand je disais qu'il faut appeler un chat un chat, eh bien, c'est un peu problématique dans la mesure où le chat est aussi un animal de compagnie. Ceux qui ont des chats entretiennent avec ces animaux des relations particulières, ils éprouvent pour eux une certaine affection – ce que je leur souhaite en tout cas – et si d'aventure un de ces heureux propriétaires en vient à discuter, comme c'est souvent le cas, de son animal favori avec un interlocuteur qui n'a jamais eu de chat, voire qui n'aime pas les animaux ou est allergique aux poils, ils auront beau utiliser le même nom, cette entente sur le nom ne renverra pas au niveau de leur logique propre, dans leur univers mental, au même signifié (objet). La place qu'occupe le chat dans l'univers mental de la personne qui y est allergique et la place qu'il occupe dans celui de l'ami des bêtes, n'est pas du tout la même. Le chat n'y a pas la même extension sémantique, pourrait-on dire. C'est au « concept subjectif » de chat que je m'intéresse en priorité en tant que philosophe praticien. Je ne voudrais cependant pas que l'on tombe dans le travers fréquemment admis du *à chacun son point de vue*. Je ne considère pas, en effet, au niveau de la pratique philosophique, que les modes de représentation diffèrent *nécessairement* d'un individu à l'autre. S'ils diffèrent, ce n'est qu'*accidentellement*. En théorie, ils devraient être identiques. Nous avons été conditionnés à appartenir à un même système de valeurs et, en ce sens, nous devrions tous penser pareil. Ce n'est qu'à cause de la contingence des vecteurs d'informations qu'il n'en est pas ainsi, comme le montre l'épisode biblique de la tour de Babel[112], où les hommes qui partageaient d'abord une même langue, s'étaient tous rassemblés autour d'un projet commun. Épisode que l'on peut considérer aujourd'hui comme réaliste avec Internet qui serait l'équivalent de ce langage unique et l'édification d'un monde virtuel comme alternative au monde réel, l'équivalent de la tour. Reste à savoir si le mythe peut faire également office de prophétie et annoncer dans ce cas la ruine prochaine de notre système.

Dans l'hypothèse d'un système parfait de communication où tous les membres seraient soumis dès la naissance et dans des conditions identiques aux mêmes flux d'informations, il n'y aurait qu'une seule façon de penser. Ce qui est déjà à peu prés le cas dans la plupart des communautés à fort sentiment identitaire (religieuses ou sportives, par exemple.)

Il est important de bien distinguer l'usage qui est fait du principe d'identité en pratique philosophique et en philosophie théorique. La philosophie théorique renvoie à la logique en tant que science formelle, c'est-à-dire à une discipline abstraite, dans le prolongement du modèle aristotélicien. La pratique philosophique, quant à elle, renvoie à une logique appliquée à la communication, une logique *relationnelle* qui est celle d'un individu avec son milieu. La philosophie théorique cherche à résorber les contingences individuelles dans l'unité du concept. Et, en ce sens, le principe d'identité constitue, pour la philosophie théorique, une fin en soi. Mais elle fait l'impasse pour cela sur la réali-

---

[112] *La Sainte Bible*, « Genèse », 11 : 1-9.

té de l'incarnation du concept, sur le fait que celui-ci ne s'exprimera jamais autrement qu'au travers d'un individu concret. À l'inverse, la pratique philosophique s'intéresse davantage aux accidents de parcours du concept, à ses diverses manifestations, dans la mesure justement où celles-ci dérogent au principe d'identité. C'est dans la mesure où il échoue, où il n'est pas atteint, que le principe d'identité trouve sa place en pratique philosophique. Le principe d'identité constitue donc un principe négatif en pratique philosophique, alors qu'il constitue un principe positif en philosophie théorique. D'un point de vue méthodologique, les démarches se trouvent encore une fois inversées entre la pratique philosophique et la philosophie théorique. C'est pour cela qu'il sera peut-être préférable d'utiliser le terme de « percept » en pratique philosophique, plutôt que celui de concept.

LE PRINCIPE DE NON-CONTRADICTION

Maintenant Aristote donne – de manière explicite cette fois – comme principe essentiel à sa logique, ce qu'il nomme *le principe de contradiction* – L'expression toutefois prête à confusion. En effet, quand je dis, par exemple, que j'ai des principes, qu'est-ce que j'entends au juste ? Un principe, si nous essayons de le définir, c'est une règle. Une règle qui fait fonctionner un système, en l'occurrence un système de pensée. Or la contradiction ne fait pas fonctionner le système logique aristotélicien. Tout au contraire, elle en constitue la frontière, la limite négative, au-delà de laquelle on sort du système. Quand on arrive à la contradiction dans la logique aristotélicienne, c'est signe que c'est fini. Aristote en récuse complètement la possibilité logique. Contrairement à Héraclite, notamment au travers de sa formule πόλεμος πάντων μὲν πατήρ ἐστι, dont nous modifions pour la rendre plus explicite la traduction littérale en « le conflit est à l'origine de toutes choses », suivi en cela par la sophistique qui considère, avec Gorgias et son *Traité du non-être* notamment, que des données strictement contradictoires peuvent coexister ensemble. Pour Aristote, il s'agit là d'un non-sens au niveau logique et, par extension, parce qu'il appartient au courant de ce que j'appelle la philosophie théorique, d'une impossibilité tout court. Aussi, dans un souci de lever toute ambiguïté, me semble-t-il préférable de le dénommer principe de non-contradiction, plutôt que principe de contradiction. Aristote le formule ainsi au livre gamma de la *Métaphysique* : « Il est impossible [je précise ici *d'un point de vue strictement logique*] que le même attribut appartienne et n'appartienne pas en même temps, au même sujet et sous le même rapport »[113] Arrêtons-nous un peu dessus. Qu'il y a-t-il à remarquer ? Si j'ai commencé par présenter le principe d'identité, c'est parce que la formulation que donne Aristote de son principe de contradiction insiste énormément dessus : « le même attribut », « en même temps », « au même sujet et sous le même rapport ». Un, un, un, un. L'être est identique à lui-même. Prenons un exemple : Pierre est grand, j'attribue la grandeur à Pierre, et Pierre ne peut être considéré d'un même point de vue comme étant grand et n'étant pas grand. Voilà ce que nous dit Aristote. Non seulement il s'agit pour lui d'un principe logiquement indépassable, mais il le considère également comme une limite ontologique. On en revient à ce que je considère comme l'acte fondateur de la philosophie théorique occidentale, à savoir l'assimilation formulée par Parménide entre le discours et l'être. Même dans le monde, la contradiction logique n'est pas possible, les objets ne peuvent s'y plier. Pierre ne peut pas être en même temps grand, c'est-à-dire posséder la grandeur, et ne pas la pos-

---

[113] Aristote, *Métaphysique*, livre Γ, 3, 1005 b.

séder. On pourrait me rétorquer que la grandeur est relative, ce que j'accorde, mais Aristote prend également soin de préciser : « et sous le même rapport ». C'est-à-dire que si Pierre est effectivement grand par rapport à un asticot, et petit par rapport à un éléphant, il ne saurait cependant être simultanément dans les deux états par rapport à l'un ou l'autre, ou, pire encore, pour les deux pris ensemble. Cela semble d'une logique à toute épreuve, à l'épreuve même de la réalité. On ne peut pas être A et non A, dans les conditions indiquées par Aristote. Mais je rappelle quand même que l'on vit dans la continuité de cette logique depuis environ 2500 ans. 2500 ans de logique binaire, ça marque son homme. Il n'est donc pas étonnant que l'on considère ça comme une espèce d'argument irréfutable.

Maintenant ce que l'on va essayer de faire ici, puisque l'on s'éloigne progressivement de la caverne de la philosophie théorique – il s'agit même du dernier chapitre consacré à celle-ci, avant de passer à la pratique philosophique proprement dite –, on va essayer de forcer ce principe de contradiction. Je demande ici à chacun de jouer avec sa mémoire. Alors que je me promenais, il y a quelques temps de ça, avec une amie, du côté du Petit Trianon de Versailles, un après-midi où il faisait plutôt beau, nous arrivâmes devant les grilles qui bordent la cour pavée et ferment l'entrée du bâtiment et je fis cette remarque : « Elles sont jolies ces grilles bleues. » Ce à quoi mon amie répondit : « Oui, elles sont jolies mais elles ne sont pas bleues, elles sont vertes. » Je rétorquai à mon tour : « Pas du tout, elles sont bleues. – Non, elles sont vertes », et ainsi de suite… Pour résoudre l'affaire, je me rapproche. Je me mets vraiment l'œil à quelques centimètres de la grille pour bien regarder et, effectivement, je me rends compte que je suis incapable de déterminer, c'est-à-dire que je ne cesse d'hésiter, et que je suis forcé de me rendre à l'évidence que cette grille est aussi bien bleue que verte. C'est-à-dire que sa couleur est proprement indéterminable, qu'elle se situe entre le bleu et le vert. On pourrait envisager que je sois daltonien ou que j'ai des troubles oculaires, c'est en tout cas l'impression que j'ai ressentie. À ce moment-là, je me trouvais face à une grille qui possédait contre toute logique aristotélicienne (je rappelle ici que le principe logique de contradiction chez Aristote a également une portée ontologique) à la fois l'attribut bleu et vert. Les deux se contredisant, s'empêchant, l'un l'autre. La grille ne pouvant pas être bleue si elle est verte et ne pouvant pas être verte si elle est bleue. Je me trouvais donc face à une grille qui dérogeait au principe de contradiction aristotélicien.

Pour donner un autre exemple, de nature moins personnelle, un exemple scientifique, je voudrais évoquer ce que l'on appelle la métaphore du chat de Schrödinger. Même si je tiens à rappeler que je n'ai aucune prétention en matière scientifique et que je n'en transmets donc que ce que j'en ai compris. Cette métaphore que Schrödinger utilise en direction du grand public n'est d'ailleurs pas une parole scientifique à proprement parler, elle n'est qu'une représentation fictionnelle pour faire comprendre au grand public que la physique quantique ne lui est pas accessible, qu'il ne peut se la représenter à son échelle. À échelle humaine, nous ne pouvons pas comprendre ce que dit, scientifiquement, la physique quantique. Nous ne pouvons pas atteindre ce monde quantique au niveau de nos représentations. Pour ce faire Schrödinger nous demande d'imaginer une boîte avec un chat à l'intérieur. La boîte est fermée. Tant que vous n'ouvrez pas cette boîte, dit Schrödinger, le chat qui s'y trouve est à la fois mort et vivant. Le choix entre ces deux états est proprement indécidable. Et vous vous dîtes : « Mais bien sûr, c'est évident, tant que je n'ai pas ouvert la boîte, je ne peux pas savoir si le chat est mort ou vivant. » Mais ce n'est exactement ce que dit Schrödinger. Schrödinger dit que dans la boîte, le chat se trouve *dans les deux états*. Il est mort *et* vivant. Et ça, au niveau de notre logique, de notre logique usuelle, à l'échelle de nos propres représentations, ce n'est, tout simplement, pas compréhensible. Ce n'est pas envisageable parce que ça réfute complètement ce fameux principe de contradiction, ou de non-contradiction logique, comme je préfère l'appeler. Qu'est-ce que c'est que cette histoire de chat ?, juste pour l'expliquer un peu à ceux qui n'en ont jamais entendu parler. Il y a un problème entre les ondes et les corpuscules en physique quantique. Et la lumière notamment, c'est-à-dire les photons sont considérés comme possédant une double nature. C'est-à-dire que pour comprendre les photons, ces particules de lumière, il faut considérer que dans certaines situations ils vont se comporter soit comme des particules, soit comme des ondes, et ce de manière imprévisible. Que le photon est potentiellement à la fois une particule, c'est-à-dire un corps, et à la fois une onde, c'est-à-dire pas un corps, qu'il est à la fois matériel, l'équivalent du chat vivant, et à la fois immatériel, l'équivalent du chat mort. C'est le seul moyen que l'on ait trouvé pour rendre compte des interactions au niveau infra-atomique. Ce que Bohr, un autre physicien quantique contemporain de Schrödinger, c'est-à-dire des années 1930, avait déjà développé au travers de sa théorie de la complémentarité.

Je ne sais pas si chacun se rend bien compte de la différence que nous pouvons faire entre l'onde et la matière. Si vous jetez une pierre dans l'eau, la pierre constitue une corps matériellement déterminé – l'équivalent du corpuscule en physique quantique –. Par contre l'onde qu'elle crée au moment où elle entre en contact avec la surface et qui se diffuse en utilisant l'eau comme support, est en elle-même immatérielle. L'onde va traverser par cercles concentriques l'étendue liquide et puis complètement disparaître. Et vous pourrez toujours la chercher autant que vous voulez dans la matière, dans l'eau elle-même, vous ne l'y trouverez pas. Elle est passé dessus immatériellement.

Le message que nous délivre Schrödinger à travers son expérience fictive du chat est donc clair : il ne nous est pas possible de comprendre la physique quantique à notre niveau de représentation, à échelle humaine. Et la pratique philosophique travaille à échelle humaine. Il conviendra donc de se méfier, voire de bannir, tout argument qui s'appuierait sur une quelconque théorie scientifique que nous ne sommes pas en mesure de vérifier, parce que nous sommes strictement incapables d'en refaire la démonstration.

Je voudrais donner un dernier exemple de l'échec du principe logique de non-contradiction que j'appelle *le paradoxe du nageur*. Je reprends le principe : « Il est impossible que le même attribut appartienne et n'appartienne pas en même temps, au même sujet et sous le même rapport » et je pose cette question concernant le nageur : quand il nage, son corps se trouve-t-il *dans* ou *hors* de l'eau ? Si l'on considère que celui-ci se trouve dans l'eau, à moins que ce ne soit *l'Homme de l'Atlantide* – un homme-poisson –, à mon avis, cela risque de poser assez rapidement certains petits problèmes ; et si l'on considère qu'il se trouve hors de l'eau, il s'agira alors d'un homme-oiseau. Le nageur est, à la fois, *dans* et *hors* de l'eau. Il est, *en même temps*, dans et hors de l'eau. Il est dans les deux états. Alors j'anticipe la réponse que l'on pourrait me faire. On pourrait me répondre en faisant du corps une abstraction. En disant : « Oui, mais ce n'est pas comme ça que ça se passe. Son ventre est dans l'eau mais son dos est hors de l'eau. » Ou : « Sa tête est hors de l'eau et le reste est dans l'eau. C'est-à-dire que certaines parties sont dedans, et certaines parties dehors. » Mais je demanderais alors d'où l'on tient que notre corps puisse être ainsi, aussi facilement, séparé en plusieurs parties ? Notre corps forme une unité. Il ne s'agit pas d'une abstraction. Notre corps c'est nous. Sommes-nous dans ou hors de l''eau ? C'est la question que je pose.

Ces différents exemples remettent en question le bien-fondé du principe de non-contradiction logique qui est quand même le principe fondateur de la logique binaire aristotélicienne et, par extension, de la notre, de celle avec laquelle nous continuons de fonctionner aujourd'hui. On voit que ce principe, pour ceux qui ont accepté de me suivre, ne fonctionne pas à tous les coups. Il fonctionne très bien en logique mais, ce que je veux dire, c'est que la logique, ce n'est pas la vie. Ce n'est pas ce fameux *monde-déjà-là* dans lequel nous sommes tombés en arrivant. Et c'est pour cette raison qu'en pratique philosophique, il faudra passer outre. Un raisonnement peut-être remarquablement établi sans pour autant rendre compte d'une quelconque réalité dans son apparition spontanée. Que la réalité heurte la logique, je n'ai pas l'impression que ce soit si peu fréquent que ça.

LA DÉDUCTION

Je vais m'intéresser maintenant à un autre aspect de la logique, ce que l'on nomme la déduction, ou, plus techniquement, l'inférence. Sera considérée comme logique toute proposition du type – si l'on veut bien me pardonner le côté quelque peu barbare de la formulation – : *si A alors B, à condition que B appartienne de manière évidente ou soit démontré comme appartenant à A, dans un cadre défini ou suivant un référentiel commun.* Qu'est-ce que ça veut dire ? Ça veut dire, par exemple, que la proposition : « Je suis descendu de voiture en claquant la portière » fonctionne logiquement parce que le concept de portière est bien contenu dans celui de voiture. C'est-à-dire que parmi tous les éléments qui composent l'ensemble « voiture », il y a l'élément « portière ». Mais si je dis : « je suis descendu de voiture et je lui ai caressé le poil. » Vous allez vous demander ce que je raconte. Le concept de poil n'est pas contenu de manière implicite dans celui de voiture. Pareillement, si je dis que j'étais l'autre jour en train de regarder un cochon et que celui-ci s'est envolé. Vous allez vous dire que je ne suis pas logique. Mais cela dépend du contexte référent. Si je change de contexte, si je me place dans celui de la fiction, ou de la mythologie, par exemple, dans un monde où les cochons ont des ailes, ou, en tout cas, peuvent en avoir, et tel que cela a été accepté suivant mes présupposés, on comprendra tout à fait mon discours. Et je pourrais dire, sur ce ton facilement reconnaissable que l'on emploie pour raconter une histoire à un enfant : « Il a vu le cochon. Et le cochon a pris peur. Et il s'est envolé. » Et personne n'y trouvera rien à redire. Personne ne trouvera d'illogisme dans ce contexte. Une proposition sera considérée comme logique, à partir du moment où les éléments inférés seront acceptés comme relevant bien de ceux qui les précèdent. C'est-à-dire que pour apparaître comme logique, il faut que vous puissiez expliquer de manière suffisamment satisfaisante pour ceux qui vous écoutent que ce que vous déduisez était déjà bien contenu dans ce dont vous parliez antérieurement. À partir du moment où vous y arrivez, votre logique est validée. Si vous n'y parvenez pas, on vous taxe d'illogisme. L'expression « faire une démonstration », consiste toujours à expliquer de quelle manière la conclusion remonte aux axiomes ou présupposés de départ, aux éléments fondateurs d'un modèle de pensée. Il existe chez tout individu des préjugés massifs qui conditionnent fortement sa façon de penser. C'est en ce sens que je les nomme fondamentaux. Ceux-ci rendent impossibles toute forme de communication avec quiconque ne les partage pas. De là les groupes identitaires, de là le fait que nous nous regroupions principalement avec des gens de mêmes valeurs, en ignorant jusqu'à l'existence d'autres modèles de pensée qui coexistent à notre porte.

À cet enchaînement logique des propositions, Wittgenstein répond que si la logique fonctionne aussi bien, si l'on en comprend aussi clairement les démonstrations, c'est parce que les propositions qu'elle énonce sont des tautologies[114]. Ce à quoi il ajoute : « Les propositions de la logique ne disent donc rien. »[115] Elles se contentent d'entériner ce qui était déjà présupposé au départ. C'est justement ce qui fait que l'on considère ces propositions comme logiques. On démontre, par exemple, que le triangle contient telle ou telle propriété et c'est parce qu'il les contient effectivement que l'on peut le démontrer. Celui qui découvre la géométrie, comme l'esclave du *Ménon*, découvre bien certaines propriétés mais qui, en fait, étaient déjà connues d'avance. Si l'esclave a découvert quelque chose, la géométrie, elle, le savait déjà. En ce sens, il s'agit de raisonnements purement analytiques qui ne révèlent rien à proprement parler.

Il y a quelque chose d'essentiel que la logique ne peut pas expliquer. Et c'est en ce sens qu'elle ne rend pas fidèlement compte du monde dans lequel nous vivons. Ce quelque chose qu'elle manquera toujours parce qu'elle est purement analytique, c'est l'invention. La logique ne peut pas expliquer l'invention. Le propre de l'invention, c'est de ne pas être logiquement déductible à partir du modèle interprétatif de départ, selon les présupposés admis. Comme

---

[114] Ludwig Wittgenstein, *Tractatus logico-philosophicus*, 6.1.
[115] *Ibid.*, 6.11.

les propriétés d'une molécule ne se résument pas à celles des atomes qui la composent. Comme un enfant développe une identité propre distincte de celle de ses parents biologiques. L'invention, c'est le troisième terme. L'irruption d'un troisième terme que la logique binaire ne pouvait pas anticiper. Il a fallu ce que j'appelle un « accident ». Comme la pomme de Newton, ou le fameux εὕρηκα, « j'ai trouvé », d'Archimède. Tout d'un coup, c'est la révélation. La logique seule ne suffit pas à expliquer l'invention. Or l'invention, dans ce qui caractérise l'homme, joue, cela va sans dire, un rôle déterminant. Mais un individu seulement logique n'est pas capable d'inventer quoi que ce soit. Parce que l'invention n'est pas logique. Elle sort du système.

Si vous passez d'une pièce à une autre, d'un point de vue logique, il faut qu'il y ait jonction entre les deux. Si vous sortez d'une pièce et que vous vous retrouvez face à un vide sémantique, ce que j'appelle encore une fois un accident, quelque chose qui selon votre propre logique n'a aucune raison de s'y trouver, vous perdez complètement pied. Nous sommes prisonniers de notre logique. Nous sommes tous prisonniers d'une forme de logique particulière dont nous avons extrêmement de mal à nous dépêtrer. Pour rappeler ironiquement la formule de Descartes : « le bon sens est la chose du monde la mieux partagée. »[116]. Non seulement chacun utilise une logique qui lui est propre, mais chacun est intimement persuadé que sa logique est la vérité du monde. Et heureusement, sinon il ne nous serait pas même possible de mettre un pied l'un devant l'autre. Quand aux gens qui ne sont pas d'accord, on les critique, on les évite, on s'en moque. Et nous nous entourons de personnes qui ont des logiques similaires. Jusqu'au moment où l'un des membres du groupe fait valoir des arguments qui ne concordent pas avec ceux des autres membres, qui

---

[116] Descartes, *Discours de la méthode*, première partie, p. 44.

créent des incohérences, des dysfonctionnements dans le système, dans le mode de représentation, dans l'univers mental de ses différents acolytes, et il se voit éjecté de la même façon que celui qui essaye de libérer les prisonniers dans l'allégorie de la caverne : « et, si quelqu'un essayait de les délier et de les conduire en haut, et qu'ils pussent le tenir en leurs mains et le tuer, ne le tueraient-ils pas ? – Ils le tueraient certainement, dit-il. »[117] Ou alors, le personnage en question fera son mea culpa, reconnaissant qu'il s'était trompé, qu'ils avaient en fait raison. Que le monde, ou, en tout cas, cette partie du monde, est bien telle qu'ils se la représentent (ainsi que le fit Galilée en son temps). Deux objets, deux fois le même objet, deux représentations, deux logiques différentes. Ceci est un cube[118] :

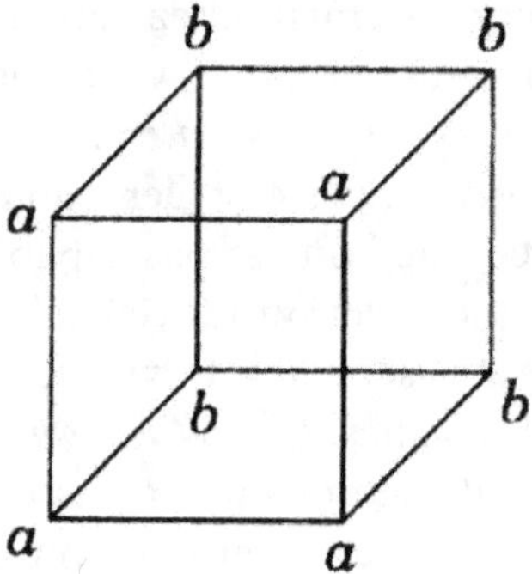

Et ce cube, nous dit Wittgenstein, nous pouvons le voir de deux manières différentes, suivant le point de vue où l'on se place. Si nous fixons, en effet, notre attention uniquement sur les « a », la face a apparaît comme se trouvant au premier plan. Maintenant si nous nous focalisons sur les « b », c'est la face b qui passe devant. Suivant la valeur que

---

[117] Platon, *République*, livre VII, 517 a.
[118] Cf. Wittgenstein, *op. cit.*, 5.5423.

l'on attribue aux signes, la façon dont on les lit et les interprète, on verra le monde, dont le cube fait ici office, de manière radicalement distincte. Suivant les pancartes directionnelles que l'on considère comme opérantes. Pourtant le support reste identique. Mais cela n'empêchera en rien votre voisin de table de ne pas être du tout d'accord avec vous. Nous ne voyons toujours que des représentations, des objets que nous reconnaissons de mémoire. Nous reconnaissons nos souvenirs mémorisés, nous touchons quelque chose que, non pas nous, mais notre milieu, notre modèle représentationnel, a rendu signifiant, qui nous a été inculqué ainsi. « Ceci est une pomme. »[119] Mais ce n'est toujours qu'une représentation, un signe. L'objet, comme le dit Bergson, si on était capable de vraiment le toucher, d'aller au plus proche, on serait tous artistes, peintres ou poète[120]. Ce que l'on admire justement chez l'artiste, c'est d'être capable de se rapprocher de ce qu'il y a en dessous, de ce que j'appelle *le derrière du derrière du derrière* et que l'on ne sait habituellement pas voir, pas dévoiler, parce que l'on ne voit que le signe, parce que l'on est pas capable de voir ce que l'on a tout simplement devant les yeux. Tous les objets que nous prétendons croiser dans la vie de tous les jours se limitent à ça, à des signes. *Ceci est une pomme, ceci est une voiture, ceci est un concept* que nous reconnaissons parce que l'on nous a appris à les reconnaître comme tels. Et nous croyons parler du même monde alors que celui-ci dépend entièrement du giron dans lequel nous avons été bercé.

Nos mémoires sont accidentellement distinctes. On ne nous a pas nourri aux mêmes images. Nous avons des logiques qui peuvent être radicalement différentes au niveau des enchaînements ou des liens d'inférence par rapport à des informations *a priori* identiques. Pour en revenir au

---

[119] En référence au tableau de Magritte « Ceci n'est pas une pomme ».
[120] Cf. Bergson, *Le rire*, III, 1.

cube, certaines personnes, par exemple, ne réussiront pas à le voir de deux manières distinctes parce que dans leur logique elles ne seront pas capables de dépasser ce présupposé que la perspective s'oriente vers la droite sur un plan. Leur univers mental ne peut s'y soustraire. Donc elle ne verront qu'une moitié des mondes possibles constitués par le cube.

Cette logique usuelle qui fait fonctionner le monde de pensée de chacun, où chacun suit sa propre cohérence et s'entoure de personnes qui ont des logiques similaires à la sienne, qui ne risquent pas de heurter, de provoquer des contradictions internes entre ses principaux repères, dans sa façon de voir le monde, de juger des choses, est bien naturelle. Car il est pour le moins désagréable de voir ce dont on est persuadé sans cesse remis en question, et très déstabilisant aussi. On a besoin d'être dans un groupe qui cautionne notre représentation du monde. Et c'est un des apports notables des ateliers de pratique philosophique que de donner l'occasion à des logiques différentes de se rencontrer, de trouver un terrain d'entente, au sens propre du terme, ce qui, comme je viens de le dire, ne se produit pas en règle générale dans la vie courante, où nous évitons soigneusement de côtoyer ceux dont les représentations diffèrent par trop des nôtres.

Nous prenons conscience de notre monde au travers d'un langage qui nous a été inculqué. La conscience, c'est des mots. Tout passe par les mots. Quand je me représente quelque chose, l'idée que je m'en fais, je la formule en mots. C'est-à-dire que je me parle dans ma tête, même s'il s'agit d'une illusion, je m'entends parler dans ma tête, et c'est ce qui me permet de me rendre compte que je suis conscient, de me reconnaître comme un être conscient. Ce que je ne peux pas dire n'existe pas dans mon monde. Comme le montre remarquablement ce travail de sape du langage qu'effectue *Big Brother* dans le roman *1984* de

George Orwell. Enlevez certains mots et vous modifierez le monde. Si je n'ai pas le mot pour dire un objet, cet objet n'existe pas. Je ne pourrais pas le penser. Parce que je pense en mots. Si je dis, par exemple, que ça c'est de l'orange et que ça c'est du rouge, puis que j'essaye de penser à une couleur intermédiaire entre l'orange et le rouge, que va-t-il se passer ? Mon esprit va osciller, comme plus haut avec la grille, et va finir par perdre patience et abandonner jusqu'à l'idée même qu'il existe une telle couleur. Cette couleur n'existe pas dans mon monde. Le concept n'a pas été nommé. Si je n'ai pas le nom, je n'ai pas la chose. Quand nous discutons avec quelqu'un en pratique philosophique, nous ignorons tout de ce qu'il ignore, nous ignorons tous les mots, toutes les nuances, qui ne font pas partie de son vocabulaire. Et lui ignore les nôtres. C'est-à-dire qu'au niveau de nos aquariums personnels, pour reprendre mon expression favorite, je n'ai pas idée du genre de poissons qu'il y voit défiler et réciproquement. Et c'est une expérience merveilleuse à vivre que celle de l'éclosion d'un nouveau concept dans notre vocabulaire. Nous voyons alors littéralement autre chose qui était resté jusqu'à présent dans l'ombre, complètement dans l'ombre.

8. LA PROBLÉMATIQUE

Intéressons-nous maintenant à la notion de problème ainsi qu'à celle de problématique qui lui est afférente. Ces deux notions sont essentielles à mon propos puisqu'elles vont me permettre de distinguer l'enseignement traditionnel de la philosophie, du mode d'intervention spécifique de la pratique philosophique. L'enseignement traditionnel se faisant principalement au travers d'une argumentation logico-déductive où le problème ne constitue au mieux qu'un inconvénient momentané qu'il faudra dépasser, tandis que la pratique philosophique s'installe au cœur de celui-ci. Aussi ne définirais-je pas la problématique dans son sens habituel, c'est-à-dire comme une simple étape dans la construction d'une pensée, mais comme une discipline à part entière, constituant le pendant en pratique philosophique de la logique en philosophie traditionnelle.

Pour rapporter une anecdote : alors que j'étais encore élève, j'avais demandé à un de mes professeurs qui nous invitait à problématiser notre réflexion, ce qu'il entendait au juste par là. Celui-ci m'avait répondu par la formule pour le moins sibylline : « C'est la question de la question. », qui ne m'avait pas particulièrement aidé. Mis à part le fait qu'il me semblait éluder la réponse, je ne voyais pas trop ce qu'il pouvait bien sous-entendre. Le terme de problématique est en effet fréquemment utilisé dans le milieu scolaire d'abord, mais également professionnel, sans que sa signification en soit clairement établie et l'on se borne généralement à l'assimiler à une question posée, se satisfaisant au travers de cette dénomination d'une impression de technicité supplémentaire, sans que celle-ci renvoie à un véritable savoir-faire méthodologique. Je m'efforcerai donc d'en donner ici une définition explicite adaptée à l'usage que j'en fais en pratique philosophique.

QU'EST-CE QU'UN PROBLÈME ?

Le terme de problématique est construit sur celui de problème. Et l'on pourrait déjà dire, assez simplement, que la problématique est la structuration ou la mise en forme d'un problème, sa mise en forme *rationnelle*. Concernant le mot problème lui-même, l'étymologie s'avère ici intéressante pour en comprendre la signification. Le mot vient du grec ancien πρόβλημα qui veut dire « jeté devant ». On peut donc considérer le problème comme un obstacle, un objet non-identifié, projeté devant nos pieds et faisant obstacle au cheminement habituel de notre pensée. C'est-à-dire faisant obstacle à notre logique. Quand je me déplace, dans n'importe quelle situation, même une situation des plus courantes, quand je me rends, par exemple, le matin à la salle de bains, je suis un trajet qui est toujours à peu près – voire exactement – le même. Mais si je rencontre sur ce trajet un obstacle, cela va me poser, du même coup, ce que l'on appelle un problème.

Aussi, et avant de nous intéresser aux problèmes plus spécifiquement philosophiques, commencerons-nous, dans un souci méthodologique, par étudier la façon dont ils se manifestent au quotidien, c'est-à-dire à leur expression la plus évidente, sur le modèle de ce que faisait Socrate : « quelques grandes œuvres qu'il faille mener à bonne fin, la règle admise, en ce cas, par tous et de tout temps, c'est qu'il s'y faut d'abord essayer sur des exemples réduits et plus faciles avant que d'aborder en eux-mêmes les tout grands sujets. »[121]

LES PROBLÈMES DU QUOTIDIEN

Quels genres de problèmes rencontre-t-on au quotidien ? On pourrait citer, par exemple, le réveil qui oublie de sonner, le fait de sortir de chez soi en oubliant ses clefs, ne pas réussir à démarrer sa voiture, etc. Maintenant la question qui se pose est de savoir ce qui les relie entre eux, ce qu'ils ont en commun pour être qualifiés de problèmes, afin de déterminer les conditions nécessaires pour qu'un problème se pose.

Si nous observons bien, nous pouvons remarquer que dans chacun des exemples ci-dessus apparaît une contradiction. Contradiction entre une intention première et la situation telle qu'elle se présente. Pourquoi employer le terme de contradiction qui se réfère plus spécifiquement au langage ? Au niveau individuel, en effet, nombreux sont les problèmes qui se résolvent sans passer par le détour de celui-ci. C'est même le cas le plus fréquent. Nous réagissons à un problème en utilisant le panel de solutions préenregistrées dont nous disposons en mémoire et qui s'appliquent dans la situation considérée. Nous réagissons mécaniquement, sans y penser, tournant la clef dans un sens puis dans l'autre, etc. Si j'emploie le terme de contradiction, c'est parce que nous pensons en mots et qu'un problème, dès lors qu'il re-

---

[121] Platon, *Le Sophiste*, 218 c.

monte à la surface de la conscience, s'exprime forcément par le biais du langage sous la forme de propositions contradictoires et que ce n'est que de cette manière que nous pourrons le définir.

Concernant par ailleurs ces problèmes du quotidien, leur formulation reste souvent trop allusive pour permettre d'en saisir la véritable teneur. Le fait de déclarer, par exemple, que l'on a perdu ses clefs, n'est pas suffisant, à lui seul, pour constituer un problème. Cela n'aura pas du tout la même signification s'il s'agit d'un gardien de prison ou d'un individu lambda simplement désireux de rentrer chez lui. Et la personne assez naïve pour demander au gardien de prison s'il ne possède pas un double, risque fort de ne pas apporter de véritable solution à son problème. Ces formulations ne sont pas assez explicites en ce qu'elles ne nomment pas précisément ce qui vient heurter la logique de l'énonciateur. Et souvent, le fait que ces problèmes ne soient formulés que de manière superficielle, c'est-à-dire que n'en soit communiquée que ce que l'on nomme couramment la partie émergée de l'iceberg, entraîne que l'interlocuteur va évaluer le problème en fonction de ses propres critères logiques, c'est-à-dire qu'il va se faire sa propre idée de la partie immergée. Ce qui est à l'origine de bon nombre de quiproquos. Il est donc utile de s'assurer, quand vous vous trouvez face à un problème et que vous en discutez, que vous partagez bien avec votre vis-à-vis la même compréhension des différentes données contradictoires qui constituent ledit problème. Si vous ne communiquez pas précisément sur ce qui fait contradiction, votre interlocuteur ne sera pas en mesure de comprendre le problème tel qu'il se pose à vous, selon vos propres critères et vous ne vous comprendrez pas l'un l'autre. C'est-à-dire qu'au niveau de la communication, cela ne passera pas.

Dans la vie de tous les jours, nous rencontrons tous des problèmes, nous en rencontrons tous les jours, même si nous ne nous souvenons pas forcément desquels. C'est-à-dire que notre logique est souvent prise en défaut, pour une raison ou pour une autre. Ce qu'il y a de particulier avec les problèmes du quotidien, c'est qu'ils surviennent sans crier gare, sans que l'on ait à aller les chercher. Il est même déconseillé de le faire. Celui qui cherche les problèmes sera considéré comme *persona non grata* par le modèle en place, comme ça a été le cas avec Socrate. Un système de valeurs quel qu'il soit a naturellement tendance à repousser tout se qui pourrait venir remettre en question sa cohérence interne.

Fort heureusement, quand on suit le chemin confortable et rassurant de sa propre logique, les problèmes ne sont pas ce qu'il y a de plus fréquent. De la même manière que la douleur ou la maladie sont toujours moindres en durée que l'absence de troubles, l'équivalent de la santé, dans une vie, comme nous le dit Épicure[122]. Mais si votre vie n'est plus qu'un immense problème, c'est-à-dire si votre logique ou la façon que vous avez de vous représenter le monde dans lequel vous vivez, ainsi que la place que vous y occupez, entraîne jour après jour de nouveaux problèmes ou la perpétuation du même, c'est-à-dire des contradictions internes que votre logique est incapable de résoudre, c'est qu'il est peut-être temps de changer de monde, de changer votre façon de voir les choses. Comme le fait dire Platon au sophiste Protagoras : « Je pense, plutôt, qu'une disposition pernicieuse de l'âme entraînait des opinions de même nature »[123].

Donc, en règle générale, les problèmes du quotidien nous arrivent de manière inattendue. Si ces problèmes deviennent récurrents, on peut les considérer comme des symptômes d'une défaillance du système. Si régulièrement vous perdez vos clefs ou que vous les oubliez chez vous,

---

[122] Cf. Épicure, *Lettre à Ménécée*, « Épicure, Maximes et sentences », M. IV.

[123] Platon, *Théétète*, 167 b.

c'est-à-dire que se produit l'équivalent d'un obstacle dans votre cheminement habituel, cheminement qui vous apparaît pourtant comme logique, vous pouvez considérer que votre logique ne fonctionne pas, ou du moins pas entièrement, qu'elle comporte une faille qu'il va falloir trouver. C'est-à-dire que pour une raison qui reste à élucider votre monde n'est pas totalement en phase avec cette logique que vous prétendez suivre. Sinon elle devrait fonctionner. Théoriquement, elle devrait fonctionner de bout en bout. En toute logique vous ne devriez pas rencontrer de problèmes. Nous utilisons tous des conceptions du monde qui normalement s'avèrent fonctionnelles et doivent nous permettre de nous déplacer le plus aisément possible dans notre environnement. Maintenant pourquoi, pour le dire plus précisément, est-ce que je m'intéresse à cette notion de problème, à ces contradictions qui interviennent au sein d'un système de valeurs référent, dans la façon qu'a chacun de se représenter son monde ? Qu'est-ce qui se passe quand un problème survient ? Comme je l'ai déjà dit, tant que nous ne rencontrons pas de problème, nous poursuivons notre route, la vie est comparable à « un long fleuve tranquille », nous avançons sans y penser. Si l'on observe un individu dans son quotidien, il fait toujours à peu près la même chose. On va le retrouver dans les mêmes quartiers, fréquentant les mêmes lieux, utilisant le même mode de transport, s'asseyant à la même place. Une fois que l'on a pris une place, il est très rare d'en changer. Au sein d'un groupe, chacun prend une fois pour toutes sa place qu'il conservera si rien ne vient l'en empêcher. Nous suivons donc au quotidien une logique qui, comme toute logique, est une logique répétitive et, comme je l'ai dit, nous la suivons sans y penser. J'insiste sur ce dernier aspect. Une des particularités de la logique, c'est qu'elle ne fait pas penser. Ce qui permettra aisément de comprendre qu'en pratique philosophique elle demande à être dépassée. On va dire

que chercher les problèmes, ce n'est pas bien. Effectivement, ce n'est pas confortable de chercher les problèmes.
Mais le problème déclenche quelque chose d'essentiel qu'il
faut bien remarquer, le problème déclenche ce que l'on
appelle la réflexion. Aristote déclare dans un passage bien
connu de la *Métaphysique* que c'est : « […] l'étonnement qui
poussa […] les premiers penseurs aux spéculations philosophiques. »[124] Il met l'étonnement au début de la philosophie, comme initiant ou comme étant l'étincelle qui met le
feu aux poudres de la philosophie. Mais qu'est-ce que
s'étonner ? Je remarque dans une pièce qu'un objet a été
déplacé et cela m'étonne. Mais, pour que cela se produise,
il ne peut pas s'agir de n'importe quelle pièce, il faut que
j'entre dans une pièce dont je connais déjà la disposition.
Soit qu'il s'agisse de mon propre domicile, soit d'un lieu
que j'ai l'habitude de fréquenter, etc. Il faut que je
connaisse au préalable l'agencement de la pièce en question pour m'étonner du changement. Je me dis que c'est
bizarre, qu'ils ont déplacé le piano, par exemple. Je me dis
que la logique qui présidait à l'agencement du lieu a
changé. On pourrait me rétorquer qu'il n'y a pas là forcément de contradiction, et donc que l'étonnement n'est
pas forcément lié à la notion de problème telle que je la
développe. C'est-à-dire que l'on ne voit pas dans le fait de
déplacer un objet de sa place habituelle, de contradiction
particulière. Essayons d'approfondir notre analyse. Pourquoi est-ce que je m'étonne quand je me dis que cet objet
a changé de place ? Et quelles contradictions logiques
cela pourrait-il entraîner ? Tout au plus, pour l'instant,
pouvons-nous nous dire qu'il s'agit d'un indice de dys-
fonctionnement possible qui expliquerait que la logique
du système – ici la pièce – ait été dérangée. Le risque d'un
problème. Je ne dirais pas que là, tel que je l'ai formulé, la

---

[124] Aristote, *Métaphysique*, A, 2, 982 b.

contradiction soit véritablement apparente, elle ne l'est pas encore. Mais il y a le risque dans l'étonnement, vu que la logique du système, telle que je la conçois, a été perturbée, qu'une contradiction apparaisse. Une déformation logique à laquelle je ne pourrais m'adapter. il y a donc un risque, un problème potentiel. Si le problème, c'est-à-dire la contradiction, n'apparaît pas clairement dans cet exemple, c'est que je ne suis pas pianiste et que la place où se trouve le piano ne m'importe pas vraiment. Qu'elle ne vient pas contrarier mon intention, la poursuite logique de ce que je comptais faire. Si ce n'était pas le cas, si le fait que le piano ait été déplacé contrariait mon intention directrice jusqu'à l'en empêcher pour je ne sais quelle raison, alors il y aurait effectivement contradiction. Contradiction entre mon intention première et la réalité de la situation. La nouvelle place du piano ne me permettant pas de réaliser ce que logiquement j'aurais dû pouvoir faire si celui-ci n'avait pas été déplacé, comme par exemple de jouer devant une assemblée.

La qualité première et essentielle du problème, du *pro-vlima*, de l'obstacle jeté devant, c'est qu'il force, qu'il déclenche, la réflexion. Dans le langage technique de la philosophie, cela s'appelle une aporie qui signifie étymologiquement une impasse, un mur logique devant lequel on se retrouve. Nous rencontrons un mur sur notre chemin habituel, un mur qui n'était pas là avant et que rien ne nous permettait de prévoir, un mur que nous n'avions pas mémorisé. Un mur qui nous force à réfléchir à une solution pour continuer et retrouver le chemin de nos anciennes habitudes, celles dans lesquelles nous nous étions confortablement installés, où nous pouvions nous déplacer sans penser, sans réfléchir. Car c'est bien là la pente naturelle de la conscience de revenir à un mode de traitement purement mécanique de l'information qui lui évite tout effort de réflexion. Nous ne pouvons pas réfléchir très longtemps, c'est une situation critique dans laquelle nous nous épuisons rapidement. Ce qu'il faut souligner ici c'est que la notion de problème, quoique essentielle à la réflexion, n'est pas pour autant recherchée par l'individu au quotidien. Si l'individu réfléchit, c'est parce qu'il a rencontré un obstacle. Il ne réfléchit que pour trouver une solution qui lui permettra de reprendre son cheminement logique habituel, de continuer sans réfléchir. C'est son objectif prioritaire. C'est-à-dire trouver une forme de logique opératoire qui lui permette de suivre tranquillement le cours de son existence en rencontrant le moins d'obstacles possibles. On comprend dans ces conditions que la philosophie, en tant qu'exercice pratique, puisse être mal perçue, en tant que réclamant un effort intellectuel, de stopper la mécanique et de s'installer dans une situation aporétique qui suscite la réflexion. Ce qui n'est pas le cas de l'enseignement traditionnel de la philosophie qui se contente de dérouler analytiquement une pensée, empruntée aux différentes doctrines et que l'élève devra assimiler sans la remettre en question.

Mais pourquoi réfléchir, pourquoi chercher les problèmes ? Parce qu'hélas on n'a pas encore trouvé de système ou de façon logique de se comporter dans le monde qui ne rencontre aucun obstacle. Et ce n'est pas faute d'avoir essayé, et d'essayer toujours. On essaye encore aujourd'hui constamment de corriger les défaillances des différents systèmes de valeurs pour faire en sorte d'accorder les intentions logiques initiales avec les situations problématiques rencontrées. Mais un des problèmes récurrents, c'est que quand l'homme colmate une brèche d'un côté, il voit presque aussitôt s'en fissurer une autre ailleurs. C'est un peu le problème de la caverne de prendre l'eau de toute part ou, en tout cas, de n'avoir jamais réussi à être étanchéifiée complètement.

Il n'y a strictement pas de réflexion possible si un problème n'a pas été posé en amont. Quand on voit une statue comme celle du *Penseur* de Rodin, par exemple, on est en droit de s'interroger sur le problème posé. Il n'y a *a priori* aucune raison de réfléchir si l'on n'a pas d'abord rencontré un problème. On l'observe d'ailleurs assez bien dans la vie de tous les jours, lorsque l'on voit quelqu'un qui, comme on dit, « se prend la tête ». Si l'on ne comprend pas son problème, on lui fera remarquer qu'il ne sert à rien de réfléchir inutilement. Ce qui veut dire que face à tout processus de réflexion auquel on assiste, on doit être capable, pour pouvoir le comprendre, de remonter jusqu'à sa source problématique et donc à la contradiction initiale. Ce qui veut dire aussi comprendre la logique antérieure de celui qui réfléchit pour pouvoir prendre la mesure du ou des différents facteurs ou données contradictoires qui en bloquent le fonctionnement habituel et le forcent à réfléchir.

SCHÉMATISATION DU PROBLÈME

Le contexte

Pour schématiser ce fameux problème et essayer d'un peu mieux le visualiser, la première chose à déterminer, c'est le contexte. Comme lorsque j'ai mentionné plus haut le cas du gardien de prison, les problèmes varient suivant les contextes. Le fait d'avoir un problème d'argent dans un pays comme les USA, par exemple, ne rencontrera pas le même écho au fin fond de l'Amazonie. La première chose à faire est donc de déterminer le contexte référent, celui dans lequel le problème se pose. Et souvent nous omettons de le préciser à notre interlocuteur, parce que l'on suppose que celui-ci se trouve dans un contexte similaire.

Ce qui est d'ailleurs la situation la plus fréquente puisque l'on va naturellement privilégier un interlocuteur de ce type. C'est d'ailleurs pour cela que nous lui parlons de notre problème. Sinon, nous ne lui en parlerions pas. Nous lui en parlons parce que nous supposons qu'il peut en comprendre la dimension problématique. Il nous faudra donc vérifier en premier lieu, en pratique philosophique, que l'on est bien d'accord sur le contexte dans lequel un problème vient se poser.

L'intention

En second lieu, pour comprendre un problème, il faut déterminer qu'elle était l'intention première de celui qui en parle avant d'y être confronté. Dans quel sens, dans quelle direction marchait-il, quelle était sa destination, où voulait-il aller ? Celui qui n'a nulle intention, qui ne désire aller nulle part, comme cette représentation que l'on se fait du sage assis au pied de son arbre, celui qui n'attend rien, n'a aucune raison de rencontrer un problème. « Quelle était ton intention ? » est donc la seconde question à poser pour déterminer précisément la teneur d'un problème, plutôt que de se contenter de la supposer, comme on a trop souvent tendance à le faire et risquer par là même de se fourvoyer dans l'interprétation que l'on en fait.

L'élément x

En troisième et dernier lieu, il est nécessaire de demander à notre interlocuteur – élément essentiel de la détermination du problème et qui en constitue véritablement le déclencheur –, ce qui dans un contexte déterminé et suivant une intention donnée fait office d'élément perturbateur, à savoir l'information qui vient contrarier la suite logique des événements tels qu'ils auraient dû se produire. Dans l'allégorie de la caverne, il s'agit de l'intervention du libérateur qui remet en question la pertinence du modèle représentationnel établi, ainsi que du système de valeurs afférent. On se souvient, à ce titre, des trois chefs d'accusation à l'encontre de Socrate : ne pas reconnaître les dieux de la cité, introduire de nouveaux dieux, corrompre la jeunesse. Un système, quel qu'il soit, supporte difficilement les problèmes. Tout ce qui est déterminé à l'avance, tout ce qui fonctionne suivant les lois de la logique, de la mécanique, etc., est réfractaire à la notion de problème. Ce qui n'est pas sans rappeler également un principe qui trouve son origine chez Claude Bernard, même si celui-ci ne le nomme pas explicitement, quand il caractérise l'état d'équilibre dans lequel les organismes vivants maintiennent leur milieu intérieur : « Tous les mécanismes vitaux, quelques variés qu'ils soient, n'ont toujours qu'un but, celui de maintenir l'unité des conditions de la vie dans le milieu intérieur. »[125] et auquel W. B. Cannon attribuera le nom d'homéostasie. Tout système constitué a naturellement tendance à évacuer l'élément perturbateur afin de conserver son équilibre initial. C'est une question d'équilibre, de survie. L'homme a besoin d'une logique opérationnelle pour vivre dans son monde, pour s'y repérer. Pour fonctionner, il a besoin de référents qui soient suffisamment stables. Dans la contradiction et dans l'instabilité, il est perdu. Il n'a pas appris à vivre dans de telles conditions. L'expression « apprendre à vivre dans des conditions instables » se révélant, par ailleurs, en elle-même antinomique. En règle générale donc, le système rejette la greffe, c'est-à-dire qu'il rejette le problème dès lors que celui-ci émerge.

---

[125] Claude Bernard, *Leçons sur les phénomènes de la vie communs aux animaux et aux végétaux*, deuxième leçon, III, « Vie constante ou libre ».

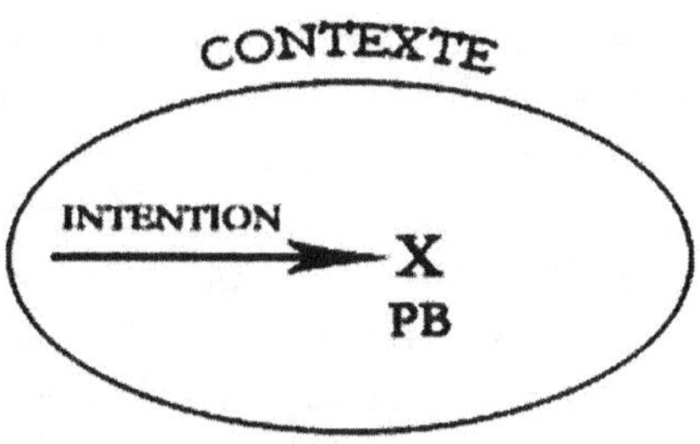

Conditions d'un problème

Pourquoi est-ce que j'insiste autant sur cette notion de problème et en quoi est-elle liée au reste de mon propos ? Il y a plusieurs façons de penser ou d'appréhender la philosophie. En fonction de ce que j'ai dit, on peut en distinguer deux principales. On peut considérer la philosophie soit comme un ensemble d'énoncés doctrinaux censés nous révéler une certaine vérité sur le monde – cette approche m'apparaissant comme erronée, de par, comme je l'ai dit, l'utilisation dysfonctionnelle qu'elle fait du langage commun –, soit comme une méthode critique de type socratique, comme une activité qui consiste à remettre en question le système logique référent auquel on est confronté. C'est pour cette raison que j'insiste autant sur la notion de problème. Du point de vue de la pratique philosophique, poser un problème est essentiel parce que celui-ci met en mouvement la réflexion qui constitue l'activité authentique de la philosophie elle-même. Si l'on remonte à son sens premier qui est celui d'une quête de la sagesse, la philosophie est une recherche, elle n'est pas un aboutissement. Elle peut donc tout au plus se pratiquer et non pas s'enseigner comme une discipline aboutie, « on n'enseigne pas la philosophie – mais au mieux sa pratique, à savoir l'attitude critique. »[126] La philosophie

---

[126] Karl Popper, *Toute vie est résolution de problèmes*, T2, *La question de la liberté*, IV, p. 26.

ne se conçoit pas sur le modèle du sage qui contemple au-dehors de la caverne le monde tel qu'il est. La philosophie, c'est *le chemin vers*. Elle s'adresse donc en priorité à ceux qui cherchent à atteindre une vérité qu'ils ne détiennent pas et qui se trouvent donc dans une situation où ils rencontrent des problèmes, des contradictions entre les différentes données ou informations auxquelles ils ont accès et qui s'interrogent sur le bien-fondé de celles-ci. Chez Descartes, par exemple, quel est le problème déclencheur ? Celui-ci observe, dans ses *Méditations métaphysiques*, que tout ce qu'il a tenu jusque-là pour vrai, ne l'est pas forcément. Que les modèles qui lui ont été inculqués, la façon qu'il a de se représenter le monde, n'offre pas de garanties suffisantes : « Il y a quelques temps déjà que je me suis aperçu, que dès mes premières années j'avais reçu quantité de fausses opinions pour véritables, et que ce que j'ai depuis fondé sur des principes si mal assurés, ne pouvait être que fort douteux et incertain »[127]. De là sont nés son travail, ses méditations, la reconstruction qu'il effectue à partir du *cogito*, etc. La mise en problème d'un système logique, d'un système référent quel qu'il soit, philosophique ou autre – j'entends ici philosophique au sens d'un énoncé doctrinal –, sa remise en question, est essentielle à l'activité philosophique elle-même, considérée cette fois-ci comme une pratique. Philosopher, d'un point de vue pratique, c'est se mettre en situation de problème et pas en situation de réponse. Celui qui trouve la réponse n'a plus de problème. Ce n'est plus un philosophe au sens pratique du terme. C'est un ex-philosophe, que d'aucuns pourraient nommer un sage. Il a fini de chercher, il a trouvé. Celui pour qui faire de la philosophie se limite à emmagasiner en mémoire différentes doctrines telles qu'elles ont été développées au cours de l'histoire, celui-là ne peut pas dire, à proprement parler, qu'il fait de la philosophie mais tout au plus de l'histoire de la philosophie, ce qui est généralement le cas avec l'enseignement tradi-

---

[127] Descartes, *Méditations métaphysiques*, première méditation, p. 18.

tionnel. Du point de vue de sa culture personnelle, ce sera peut-être très intéressant, mais concernant l'activité elle-même, ce ne sera pas de la philosophie. Il est donc impératif de mettre son interlocuteur ou soi-même dans une situation problématique. Et ce n'est qu'à ce moment que l'on peut dire que l'on est en train de faire de la philosophie, au sens actif du terme. On est en train de faire de la philosophie parce que notre logique coutumière ne répond plus, ne fonctionne plus. Nous disposons d'éléments qui la remettent en question. Quelque chose nous étonne, quelque chose n'est pas à sa place, ne devrait pas être là. Les paramètres habituels de notre environnement ont changé. Le système dysfonctionne, nous commençons à nous poser des questions, nous commençons à réfléchir. Nous entrons dans une dimension philosophique. Ce n'est pas forcément une ex-périence agréable. Nous préférerions que tout se déroule comme prévu, que tout fonctionne comme un machine bien huilée, ce qui serait pour nous l'idéal. Mais ça, c'est de la philo-sophie théorique. La réalité est toute autre. La réalité, c'est le problème. Et la pratique philosophique vient aussi en réponse à cela. Tout système souffre des failles et parce que tout système souffre des failles, il est bon de s'interroger sur la manière de les combler, si tant est que ce soit possible.

LES PROBLÈMES PHILOSOPHIQUES

Les problèmes du quotidien ont, comme je l'ai dit, pour caractéristique de s'imposer à nous et sont par ailleurs gé-néralement formulés de manière trop superficielle pour permettre à l'interlocuteur d'en saisir la réelle portée pro-blématique. Les problèmes philosophiques, quant à eux, dif-fèrent en ce qu'ils ne s'imposent pas de manière évidente et que c'est seulement au travers de leur approfondissement qu'ils prendront véritablement sens. Philosopher c'est se mettre en situation d'aller chercher les problèmes. C'est ce que fait Socrate. Il va interroger les modèles de pensée référents, dans la cité athénienne, pour en repérer les points critiques. La démarche philosophique, d'un point de vue pratique, ne se limite donc pas simplement à vivre des problèmes – situation que nous rencontrons tous et tous les jours –, elle consiste aussi en une curiosité, une inquiétude, dans le fait d'aller questionner les limites du système avec lequel on interagit. La pratique philosophique part donc d'une mise en situation problématique. À l'opposé, Deleuze, par exemple, définit la philosophie comme création de concepts. Il s'agit dans ce cas de ce que j'appelle la version doctrinale de la philosophie. Deleuze conçoit cette autre partie, cet autre camp de la philosophie, non pas la dimension critique, mais la dimension théorique. Je considère pour ma part que philosopher c'est réfléchir mais que ce n'est pas produire des définitions de concepts. Le travail philosophique, considéré du point de vue de la pratique, est avant tout un travail de réflexion, pas de définition. Si nous remontons à l'origine, les deux courants coexistent, mais le versant fort, celui qui s'est imposé historiquement, c'est le versant dogmatique, c'est celui de Deleuze et de la création de concepts. La philosophie a grandi dans l'histoire en développant différentes versions logiques du monde. Il s'agit de la philosophie telle que l'on la connaît. Quand on parle aujourd'hui de la philosophie, on parle d'auteurs, de textes, de pensées, qui affirment un point de vue sur le monde, de concepts qui expliquent le monde, qui servent à l'interpréter, à lui donner sens.

À côté de cela, il y a un autre modèle de philosophie incarné par Socrate. Socrate n'est pas un théoricien, il n'avance pas de concepts. La « philosophie » de Socrate se limite à une méthode pratique, un art, qui n'intervient que de manière négative, c'est-à-dire qui se contente de remettre en question la logique d'un système de pensée, de faire ressortir ses incohérences, sans proposer quoi que ce soit en échange[128]. J'insiste sur cette alternative parce qu'elle est caractéristique de la pratique philosophique telle qu'elle se développe aujourd'hui et constitue, à mon sens, d'une manière similaire notamment à ce qui s'est produit avec l'humanisme vis-à-vis de la scolastique, une réaction à l'enseignement doctrinal de la philosophie. Parce que la vision dominante concernant la philosophie, celle d'une discipline théorique, souffre ses limites, notamment au travers des difficultés qu'elle rencontre à prouver ses vérités et des contradictions internes qu'elle a pu générer tout au long de son histoire, entraînant une critique récurrente de son bien-fondé de la part du grand public. Pour le dire plus simplement, les concepts ne prouvent rien en dehors du système de sens auquel ils sont corrélés et jamais les théoriciens de la philosophie n'ont réussi à s'accorder sur la question du sens. Le risque est donc grand de se retrouver face à de purs montages logiques dont la seule valeur de preuve est la cohérence interne. Et il me semble que ce risque ne peut être contrebalancé qu'en réhabilitant la pratique même du questionnement, c'est-à-dire la philosophie critique[129], en tant qu'elle ne pose, ni ne présuppose, aucun système particulier mais remet en question un système référent, en cherche les failles logiques pour le faire entrer en problématique. Il s'agit de l'activité même de la pratique philosophique. À côté de cela, il demeure possible d'emprunter à la philosophie théorique, aux doctrines qu'elle avance, en pratique philosophique mais à la condition de ne s'en servir que comme support de réflexion, comme matière à penser, et non comme une parole aboutie. La philosophie théorique n'est d'ailleurs pas une philosophie

---

[128] Je fais référence principalement ici aux dialogues dits aporétiques dans l'œuvre de Platon.

[129] Je n'entends pas ici le terme au sens kantien mais uniquement dans celui d'une remise en question, puisque la critique kantienne échafaude elle-même un système alternatif.

au sens propre du terme, si l'on remonte à sa définition première qui est celle d'une quête. Que l'on considère Deleuze ou le *Tao*, par exemple, cela revient au même : il ne s'agit pas d'une quête. La voie est énoncée, c'est une fin. Cela s'apparente davantage à une sagesse. Quand on lit Hegel, chantre de la philosophie systémique, il ne s'agit pas non plus d'une quête, c'est un aboutissement. Il a trouvé le sens de l'histoire. Il donne à l'homme sa direction. C'est abouti, il n'y a plus à réfléchir. C'est terminé. Or ces systèmes, ces différentes interprétations philosophiques du monde, ne cessent d'entrer en contradiction les uns avec les autres, de se nier l'un l'autre. Et c'est là où la philosophie théorique a échoué à se constituer comme une science. Il n'y a pas eu d'entente collective. Ce qui est normal, puisqu'elle n'a jamais réussi à s'intégrer à un collectif, comme le montre expressément l'allégorie platonicienne. La philosophie théorique est condamnée à rester en dehors, à la porte, du système référent. Encore une fois la fin tragique de l'allégorie platonicienne en fournit un bon exemple. Il n'y a jamais eu d'entente collective sur le sens ni sur la philosophie en tant que telle, celle-ci n'a jamais été unifiée. Et parce que l'édifice général est historiquement instable, ce qui est un euphémisme, j'insiste davantage sur sa remise en question que sur l'aspect positif, c'est-à-dire la création de concepts, tel que l'entend Deleuze[130]. En tant que praticien, je ne me permets ni d'énoncer qu'il n'y a pas de vérités, car je risquerais alors de me faire prendre au piège du paradoxe du sceptique, ni d'énoncer une quelconque vérité car, adoptant alors la position d'un théoricien, un autre système interprétatif aussi

---

[130] « La philosophie, plus rigoureusement, est la discipline qui consiste à créer des concepts. » et « La philosophie ne contemple pas, ne réfléchit pas, ne communique pas, bien qu'elle ait à créer des concepts » in Gilles Deleuze et Félix Guattari, *Qu'est-ce que la philosophie ?*, pp. 10 et 12.

pertinent que le mien, se présenterait aussitôt pour la contredire et je ne disposerais d'aucun moyen, niant toute forme d'expérience et m'assimilant à un être du concept, pour prouver mes dires, en-dehors de ma propre axiomatique. Et pour éviter, par ailleurs, l'écueil dont j'ai déjà parlé, celui de tomber dans une mystique, c'est-à-dire d'avoir des disciples qui croient en moi, je préfère m'aventurer sur le terrain de la critique et de la remise en question qui est l'autre versant – socratique – de la philosophie. Une méthode pratique qui permet à un système de se reconditionner, ou en tout cas de réfléchir à son reconditionnement, selon ses propres critères. C'est pour cette raison que je limite le rôle de la pratique philosophique à ce qui se passe à l'intérieur de la caverne. Celui qui en sort est peut-être un philosophe doctrinal mais ce n'est pas un philosophe praticien, en tant que ce dernier se cantonne uniquement à une démarche de questionnement des valeurs auxquelles il est confronté. Celui qui en sort cesse de philosopher en ce sens. Il a trouvé la réponse. La démonstration est terminée et l'on peut clore le chapitre. C'est un sage, ou en tout cas prétendu tel.

Je pense avoir suffisamment expliqué que nous n'aimons pas les problèmes parce que tout individu, dans quelque situation que ce soit, utilise une certaine logique, un mode de fonctionnement, qui normalement est efficace et qui est réglé de telle sorte qu'il doit permettre d'évacuer ou de se prémunir au mieux contre ceux-ci. Et nous n'apprécions guère que l'on essaie de nous démontrer le contraire. Nous n'acceptons de discuter d'éventuels problèmes qu'à partir du moment où nous sommes déjà convaincus des limites de notre propre système. À ce titre Socrate, tel que le représente Platon dans ses différents dialogues, fait figure d'oiseau de mauvaise augure. Il provoque les problèmes auprès d'interlocuteurs qui, pour la plupart, ne lui ont rien demandé. À tel point qu'il finira par être condamné à mort. Ce qui renvoie à la notion déjà évoquée d'homéostasie. Il faut faire en sorte de rééquilibrer le système quoi qu'il arrive. On doit le sauvegarder. Aujourd'hui, on n'aime pas les problèmes parce que l'on est dans une situation de crise où le système – la caverne – est fragilisé. Où les murs tremblent et où effectivement l'on est inquiet. Dans ces conditions, toute personne qui vient suspecter, qui vient dire que là il y a un problème, représente une menace supplémentaire. On a tendance à s'en méfier parce nous sommes déjà dans une situation de déroute, de déviation par rapport à la voie idéale que l'on s'était tracé, c'est-à-dire celle d'un progrès continu de notre société. Dans une période plus faste, où les choses iraient mieux, les gens seraient peut-être davantage enclins à voir les failles, ou les fragilités, de leur système de pensée et du système en général, c'est-à-dire de la superstructure au sein de laquelle ils évoluent. Mais quand un système est en crise, il ne fait pas bon en rajouter. C'est en ce sens que le philosophe praticien, d'un point de vue méthodologique, ne problématisera qu'auprès de ceux qui le sollicitent. Et c'est un point qui distingue la pratique philosophique de celle de Socrate. Quand Socrate intervient *ex abrupto*, le philosophe praticien répond à une demande. Le souci ici étant toujours d'optimiser la communication.

9 : LE ~~SILENCE~~ DU CONCEPT

Au commencement était le

silence. Je ne parle pas ici du bruissement de l'être, du bruissement du vent dans les branches, dans les feuilles des arbres. Je ne parle pas non plus du chant des oiseaux, quand je dis : « Au commencement était le silence », je parle du silence du concept, de l'absence de signes. De l'absence de représentations de quelque ordre que ce soit. Même le silence, comme concept, ne peut être nommé. Et c'est pour cela qu'au niveau du titre du chapitre, je l'ai écrit en le barrant.

LE BRUIT

Quand je dis que je ne parle pas de ce silence extérieur à la caverne, ce que j'ai appelé le bruit du vent dans les branches ou le chant des oiseaux, je veux dire que le bruit, qui renvoie étymologiquement à l'animalité, c'est-à-dire au croisement entre les verbes latins *rugīre* (rugir) et *bragĕre* (braire) et donc au *monde-déjà-là*, anté-logique pourrait-on dire, peut être considéré comme une forme de silence. Le bruit d'un point de vue rationnel est équivalent au silence. Il renvoie à une étrangeté non récupérable comme telle par la raison. Car qu'est-ce qu'un bruit ? On dit : « J'entends des pas, j'entends quelqu'un qui marche au-dehors. », ou : « Arrête de faire du bruit, tu me perturbes. » Qu'est-ce que ce bruit dont on parle ? Le bruit, en fait, est quelque chose qui vient perturber la logique, le cours tranquille des événements, le déroulement de ce que l'on est en train de faire. Le bruit n'est pas récupérable par le système. C'est pour cela que l'on dit : « Arrête ce bruit! » ou « Tiens, j'entends un bruit de pas. » Le bruit nomme cet inconnu. Le bruit est extérieur à la caverne. C'est au sens où le bruit contient par définition une part d'indéterminé qu'il peut être assimilé au silence. Il fait figure de parasite, quelque chose dont la logique nous échappe, qui vient bouleverser nos référents habituels.

LES PREMIERS MOTS

Lorsqu'un enfant naît, vient au monde – je ne l'apprendrai à personne –, il ne parle pas[131]. Le monde non plus ne parle pas. C'est l'homme qui parle. Quand Jean dit dans son évangile : « Au commencement était le *logos* »[132], ou « Au commencement était le verbe », cela peut s'entendre mais dans la caverne, dans le monde des hommes, pas dans ce *monde-déjà-là*, comme je le nomme, et que l'homme a découvert en arrivant, là où il est tombé. Ce monde qui était déjà là, dans lequel nous sommes nés. Nous sommes tous nés dans un *monde-déjà-là*. Mais ce *monde-déjà-là* n'est pas l'objet de la pratique philosophique, celle-ci ne s'en préoccupe pas. Le monde de la pratique philosophique c'est notre monde, celui qui a été construit, représenté, par le *logos*.

Quand l'enfant naît, il ne parle pas. Quand l'enfant naît, il n'appartient pas à notre monde. Nous essayons de le décrypter comme un bruit. Nous essayons de l'interpréter, il y a ce que l'on pourrait appeler des prémisses de communication. On essaye de lui inculquer certains repères et on espère qu'il nous comprenne. On observe qu'il a souri et que cela doit vouloir dire qu'il est content, ou quelque chose de la sorte. Ou alors, mieux que ça : « Tu souris, content. Papa sourire content. » Entreprise de communication avec un être étranger qui n'appartient pas, qui est encore en dehors de la caverne. Qui

---

[131] Étymologiquement, le mot enfant provient du latin *infant, infantis* qui signifie : « qui ne parle pas ».
[132] *La Sainte Bible*, « Nouveau testament », « Évangile selon Jean »,1.

appartient encore à ce *monde-déjà-là* dans lequel l'homme s'est ensuite construit, développé. C'est donc l'homme qui fait parler le monde et l'homme seul. L'homme qui a structuré un système, l'homme de la caverne. Je reprends à ce propos la citation d'ouverture des *Investigations philosophiques* de Wittgenstein, empruntée à St Augustin :

> Saint Augustin dit dans ses confessions (I, c. 8) : « Quand on nommait un objet quelconque et que le mot articulé déterminait un mouvement vers cet objet, j'observais et je retenais qu'à cet objet correspondait le son que l'on faisait entendre, quand on voulait le désigner. Le vouloir d'autrui m'était révélé pas les gestes du corps, par ce langage naturel à tous les peuples que traduisent l'expression du visage, les clins d'yeux, les mouvements des autres organes, le son de la voix, par où se manifestent les impressions de l'âme selon qu'elle demande, veut posséder, rejette ou cherche à éviter. Ainsi ces mots qui revenaient à leur place dans les diverses phrases et que j'entendais fréquemment, je comprenais peu à peu de quelles réalités ils étaient les signes, et ils me servaient à énoncer mes volontés d'une bouche déjà experte à les former.[133]

Je me sers de cette citation pour illustrer ce travail de raccord de l'enfant au monde. L'enfant naissant doit être raccordé à notre caverne, il doit être réglé sur notre fréquence. C'est long, c'est difficile, mais quand il naît, il n'appartient pas encore à notre monde.

LA CONTINGENCE DE LA PAROLE

On m'a donc appris à parler le monde, à lui donner sens. C'est la parole qui a été utilisée pour faire cela. La

---

[133] Wittgenstein, *Investigations philosophiques*, première partie, 1.

mère parle à son enfant, elle utilise des mots. Est-ce que la parole est nécessaire ? Pourquoi ce lien de la parole au sens ? Est-il indispensable ? Je m'intéresse ici à la contingence de la parole, comme média, comme moyen de faire signe. La parole est notre principal moyen de communication. En règle générale, l'homme l'utilise pour « signer », si je peux me permettre ce jeu de mots, le monde. Mais il aurait pu tout aussi bien utiliser un autre média. Les sourds et muets, par exemple, n'ont pas cette possibilité d'utiliser la parole pour faire signe sur le monde ou donner sens au monde. La question que je pose est de savoir si les sourds-muets s'entendent penser ? Il est probable que non. Un sourd-muet, *a priori*, pense en gestes, comme nous pensons en sons ou en pseudo-sons. Nous avons l'illusion d'une voix intérieure, cette même voix qu'entendent les prisonniers au fin fond de la caverne : « Et s'il y avait aussi un écho qui renvoyât les sons du fond de la prison, toutes les fois qu'un des passants viendrait à parler, crois-tu qu'ils ne prendraient pas sa voix pour celle de l'ombre qui défilerait ? »[134]. Si je me mettais à appliquer, sur le crâne de quelqu'un, un stéthoscope, je n'entendrais vraisemblablement pas grand-chose, je n'entendrais en tout cas pas ce qu'il pense. J'insiste ici sur l'illusion de la pensée sonore, de la pensée entendue comme une voix intérieure qui parlerait dans notre crâne et que nous reconnaîtrions comme étant la nôtre. Cette illusion est produite uniquement parce que l'information originale qui m'a été donnée est passée par le biais d'un tiers, ma mère ou une autre personne, qui a utilisé la parole pour me faire penser. Et depuis je procède par imitation. J'entends les voix. Je dis : « C'est ma voix qui parle à l'intérieur de ma tête. » Encore une fois, essayez de vous ausculter et vous n'entendrez rien, personne n'entendra jamais rien. On n'a pas de voix dans la tête. Ce n'est qu'une

---

134 Platon, *La République*, VII, 515 b.

association d'idées que l'on effectue à partir du modèle ou de la modélisation originelle. La façon dont on a été programmé au départ.

J'ai appris à penser par imitation de la parole d'autrui qui m'a donné mes premiers repères sur le monde. Je procède depuis par imitation de cette parole originelle. Penser revient alors, dans ce cas, à une imitation de l'autre qui parle. On rejoue chaque fois le même scénario. Rimbaud, dans un extrait bien connu d'une de ses lettres, déclare qu'il veut « arriver à l'inconnu par le dérèglement de tous les sens »[135], qu'il travaille à se rendre poète. Qu'entend-il au juste par là ? Qu'il veut sortir du système de règles dans lequel il a été éduqué. Il travaille donc à son dérèglement. Et qu'est-ce qui vient ensuite ? « C'est faux de dire : je pense : On devrait dire on me pense. [...] Je est un autre. »[136] Effectivement, *je* est un signe que l'on m'a donné pour m'appeler moi. Rien de plus qu'un repère.

Je pense donc avec les mots qui m'ont été communiqués. Je pense collectivement, suivant le modèle que mon entourage m'a inculqué. Je pense à partir d'eux, ils sont les cadres dans lesquels évolue mon esprit, ma pensée.

Penser, c'est donc s'entraîner, quand l'autre est absent, mentalement absent, quand je n'entends pas d'autre voix que la mienne dans ma tête – comme une sorte de séance d'échauffement –, à correspondre, à me formuler en langue universelle. Quand je dis langue universelle, il s'agit de celle de ma communauté, de mon entourage, celle où se trouvent mes repères. Je m'exerce à correspondre à mes repères, au monde auquel j'appartiens, c'est-à-dire à mon monde.

---

[135] Arthur Rimbaud, lettre à Georges Izambard du 13 mai 1871.
[136] *Ibid.*

TOUTE PAROLE EST (VAINE) TENTATIVE DE PRISE DE CONTRÔLE

Je peux ainsi affirmer que toute parole est tentative de prise de contrôle. Quand je parle, quand je m'exprime comme je suis en train de le faire en ce moment, dans l'illusion de la pensée sonore, j'essaie de prendre le contrôle de celui ou ceux à qui je m'adresse potentiellement. Le sage, la figure du sage telle que l'on la connaît, telle qu'elle nous a toujours été représentée dans notre caverne, ce n'est pas quelqu'un qui parle. C'est généralement quelqu'un qui ne parle pas. Le contemplatif, suivant le modèle que j'utilise, c'est-à-dire celui de l'allégorie platonicienne, se tient en dehors du système et regarde le monde. Il ne parle pas. Nous ne parlons que dans la caverne. Nous parlons pour la résonance. Pour que ces mots résonnent en l'autre – pour jouer ici sur l'homophonie des termes résonner et raisonner –. Nous parlons donc pour faire fonctionner et continuer de faire fonctionner un modèle qui est le nôtre. Quand je prends la parole, que se passe-t-il ? Si vous m'écoutez, je prends littéralement le contrôle de votre esprit. C'est-à-dire que je pense à votre place. Tant que vous ne m'avez pas supplanté, tant que vous acceptez de jouer le jeu, je suis dans votre tête. Mon système de pensée est à l'intérieur de votre crâne. Tant que vous ne réagissez pas, je pense pour vous. Je le rappelle, la parole est une prise de contrôle. J'ai dit : « tentative », parce que ça ne fonctionne pas à tous les coups. Vous pouvez réagir et réinvestir votre pensée, reprendre la parole dans votre tête à ma place. Et donc générer une information contradictoire, discordante, perturber le schéma de pensée que j'essaye de vous communiquer et reprendre le contrôle. Ou alors vous me laissez continuer à parler, penser, à votre place.

Le philosophe parle. Le philosophe n'a jamais cessé de parler pour reprendre les mots de Bergson[137]. Alors que, je l'ai dit, le sage ne parle pas. Le philosophe n'est pas un sage. Le philosophe est un peu à l'image de l'amour dans le dialogue du *Banquet* de Platon, il ne fait que courir après la sagesse, courir maladivement après elle. Le philosophe est inquiet du monde. Le monde lui échappe sans cesse et c'est pour cela qu'il ne cesse de parler pour essayer d'en rattraper le sens, d'en reprendre le contrôle. Qu'est-ce que fait Descartes dans les *Méditations* ? Il se dit qu'il faut qu'il remplace un système d'interprétation du monde par un autre, que celui qu'il a toujours connu ne convient pas. Que les informations que l'on lui a communiquées ne sont pas fiables. Aussi faut-il d'urgence qu'il parle, pour rééquilibrer et reprendre le contrôle de son environnement. Je rappelle que l'expérience cartésienne, même si nous l'avons tous plus ou moins assimilée, a été une prise de conscience assez douloureuse : « comme si tout à coup j'étais tombé dans une eau très profonde, je suis tellement surpris, que je ne puis ni assurer mes pieds dans le fond, ni nager pour me soutenir au-dessus. »[138] Elle lui fait l'effet d'une noyade. Ce n'est pas une expérience plaisante, ce doute qui l'assaille. Je crois bon de rappeler ce passage car nous avons trop tendance à assimiler le doute méthodique comme on l'appelle à une simple démarche intellectuelle et donc à minimiser son impact existentiel. L'interprétation académique ne tient pas compte du rôle que joue l'intériorité dans ses analyses.

Le philosophe, quand il se pose comme un théoricien, quand il veut théoriser le monde, dire que le monde est comme ceci ou comme cela, qu'il va nous apprendre ce qu'il est, c'est parce qu'il est inquiet de nature, qu'il n'a pas

---

137 Bergson, *La pensée et le mouvant*, « L'intuition philosophique », « simplicité de l'intuition », p. 119.
138 Descartes, *Méditations philosophiques*, Méditation II.

confiance, qu'il a peur de perdre le contrôle de son environnement. Le sage n'a plus ce genre d'appréhension, le sage a confiance. Il accepte de perdre le contrôle, il ne parle pas. En ce sens la pratique philosophique est un véritable exercice philosophique, même entendu dans le sens traditionnel du terme, qui doit mener de l'inquiétude théorique, du besoin de se rassurer sur des repères que l'on s'efforce de faire valoir comme absolus, à une forme de sagesse, c'est-à-dire à l'abandon confiant desdits repères, sans chercher à en poser de nouveaux en remplacement.

Il s'agira donc de s'ouvrir au monde, d'accepter la possibilité de ce *monde-déjà-là*, avant que l'homme n'y pose ses jalons, ses repères. Avant que l'homme ne le systématise, avant que chacun de nous, selon la manière dont il a été produit culturellement dans son identité, ne systématise le milieu auquel il s'intègre, et le considère comme immuable. S'ouvrir au monde, c'est donc s'ouvrir à une extériorité que le système ne peut concevoir, ne peut assimiler. Cela revient à perdre le contrôle. À se laisser glisser dans ce que j'appelle le « fleuve obscur », là où coule – pour parler de manière métaphorique – le temps qui passe. Le temps qui change tout. Là ou la raison et le langage n'ont pas de prise. Je rappelle ici le *πάντα ῥεῖ*, « tout s'écoule »[139], d'Héraclite, rien ne demeure jamais à l'identique. Les jalons s'effacent à mesure que l'on les pose. Tout système ne cesse de disparaître. Il est condamné à disparaître. Dès son origine, il entame sa disparition.

Il faudra donc quitter l'espace et ses repères, c'est-à-dire la *θεωρία*, « la théorie », qui correspond au latin *contemplatio*, la contemplation du monde du dehors, du monde qui se trouve hors de la caverne-système et lui préférer la contingence du dedans, du temps. Encore une fois, il s'agira de se laisser glisser dans le fleuve obscur, ce fleuve souterrain qui

---

[139] Héraclite, *Fragments*, frag. 136.

coule aux origines de l'être, dans ses plus intimes profondeurs.

Mais comment y parvenir ? C'est la question. Il ne suffit pas de le dire. Comment parvenir à bousculer effectivement le système et à le faire se perdre, c'est-à-dire à arriver justement à cette proximité ou à ce rapprochement avec le monde non contrôlé, le monde hors de contrôle ? Comment sortir de cet enfermement dans notre propre système de pensée logique, dans notre propre tête, notre propre crâne, cette caverne, en fait, dans laquelle nous avons été conditionnés à penser de telle ou telle manière par la parole de ceux qui nous ont formatés au départ ?

L'HOMME EST UN ÊTRE DE MÉMOIRE

Il y a une notion qu'il est important de nommer maintenant, c'est celle de mémoire. Nous portons la mémoire de notre conditionnement. Comment est-il possible, en effet, de regarder le monde autrement que de mémoire ? Comment déjouer, en fait, cette encombrante mémoire ? Je vois, nous voyons, les objets de mémoire. Nous voyons ce que nous avons appris à reconnaître. Mais quand un objet se met à ne plus jouer le jeu de sa signification mémorisée, cela nous pose un véritable problème.

L'homme est un être de mémoire, il parle de mémoire, il a mémorisé un monde, son monde, qu'il superpose, à chacun de ses regards à ce fameux *monde-déjà-là* qui œuvre en arrière-plan. Nous reconnaissons le monde en lui superposant une signification qui nous a été inculquée et qui se résume à des modèles structuraux que l'on calque ou que l'on surajoute à notre expérience présente qui, par là-même, demeure toujours hors d'atteinte.

LA THÉORIE DE L'ACCIDENT

La pratique philosophique, en ce sens, et non pas la philosophie théorique, est un travail d'éducation au silence. Et la première étape de cette éducation sera de réussir à provoquer un « accident », une suspension involontaire du jugement, une *épochè* passive de l'interlocuteur. Réussir, en interrogeant sa logique propre, à l'amener à se contredire de manière suffisamment efficace pour qu'il ne soit plus en mesure de proposer une quelconque proposition cohérente sur le sujet abordé. Cet accident, il existe, il n'est pas sorti de nulle part, ce n'est pas juste un outil méthodologique. On peut aisément remarquer, en effet, que n'importe quel individu quand il se retrouve dans une situation accidentelle, une situation qui perturbe ses référents, se tait. Quand on sort de la route, c'est fini, on ne contrôle plus rien.

Mais pourquoi vouloir provoquer cette situation ? Je dirais que ces situations qui sont comme des éclairs, ce qu'elle ont d'intéressant, c'est qu'à ce moment-là il est enfin possible d'affirmer que l'homme est dehors et qu'il s'en rend compte, ou plutôt qu'il le vit. Il est dans le monde. Il est dans ce qu'il ne contrôle pas, ce qu'il n'a pas encore eu le temps de se représenter. Il fait l'expérience, une expérience vivante de son être au monde. Produire l'accident dans un système logique, c'est lui permettre, brièvement peut-être, fugacement, comme une fulgurance, de sortir, de souffler, de s'échapper un peu de lui-même. Même si cette sortie ne dure qu'un bref instant, le temps d'un brusque courant d'air et d'un claquement de porte, et que l'on retourne presqu'aussitôt se réfugier dans la caverne. On y retourne tous, comme on le voit avec l'allégorie platonicienne lorsqu'un des prisonniers est forcé à sortir : une fois dehors, il y a toute une caverne, la caverne platonicienne, qui est aussitôt rebâtie. Il ne s'agira donc pas de « vivre d'accidents ». Simplement, ces respirations brèves qui sont les failles du système, permettent d'expérimenter, de faire une expérience libre, de son être au monde, non contrôlée, non encore mémorisée, médiatisée, par un quelconque mode de pensée. Ce qui permet peut-être ensuite d'avoir une vision plus critique, plus distanciée, de pouvoir repenser sa logique et de la faire évoluer, de se libérer aussi des contraintes trop lourdes ou des incohérences de sa propre façon de penser, de voir les choses. Faire l'expérience du dehors, c'est-à-dire celle d'une simple présence sans système.

Il y a une autre façon, plus traditionnelle, de nommer cette vie hors du système, c'est ce que l'on appelle la contemplation. La contemplation qui est censée être la fin de la philosophie spéculative. Aristote la donne comme telle[140], et, chez Platon, même s'il réinjecte son prisonnier dans le monde politique, c'est clairement pour enseigner la vie contemplative que le philosophe ou le prisonnier-apprenti-philosophe a appris à connaître durant son séjour à l'extérieur[141]. Les sagesses orientales nous renvoient également comme une fin en soi l'image d'un homme vidé de lui-même et qui se contente d'être là. Qui est présent au monde mais n'émet aucun jugement à son propos, qui se préserve de tout jugement. C'est-à-dire quelqu'un qui ne parle pas, qui ne se parle même pas à lui-même. Qui laisse le monde filtrer à travers lui, sans prendre d'options, sans chercher à en prendre le contrôle.

Cette vie contemplative est une destination que je laisse, en tant que philosophe praticien, à la philosophie théorique, puisque, comme je l'ai dit, je ne sors pas de la ca-

---

[140] Cf. Aristote, *Éthique à Nicomaque*, livre X, 1177a-1178b.

[141] Je tiens à souligner que *sortir à l'extérieur* ne constitue ici nullement un pléonasme puisque, comme j'ai tâché de le démontrer, nous ne sortons en général qu'à l'intérieur.

verne et que je considère qu'il n'est pas possible, d'un point de vue strictement logique, d'en sortir. Que l'homme ne peut pas s'établir durablement dans une présence libérée, innocente, par rapport à tout ce qui l'entoure et dont il fait partie lui-même.

D'une façon ou d'une autre, nous sommes tous soumis aux paroles. Et nous nous y soumettons nous-mêmes avec délice par la multiplicité des chaînes de télévision, d'Internet, etc. N'y aurait-t-il pas cependant, à un certain moment, la possibilité de sortir de la parole par cet excès de parole même, c'est dire en établissant des filtres personnels qui nous permettraient au travers de ces expériences multiples de rétablir un jugement qui nous soit propre ? Mais passer par le détour de la parole ou de cette pseudo-parole que l'on appelle la pensée, qui est une façon que nous avons de nous parler à nous-mêmes, en procédant par imitation comme je l'ai dit plus haut, constitue également un système contraignant de signes qui va lui aussi opérer de mémoire pour tenter de reproduire ou conserver un équilibre (cf. l'homéostasie du système) entre les différentes informations à notre disposition. Alors nous nous libérerons peut-être d'un système de pensée contraignant, c'est-à-dire d'une tutelle autoritaire, parentale, politique, ou autre, mais nous produirons nous-même notre superstructure signifiante construite de mémoire pour le monde de maintenant. Nous vivrons toujours dans le passé de nos significations, en prétendant peut-être à tort en être le maître. Je reviens ici à la citation de Rimbaud quand il dit qu'il veut travailler au dérèglement de tous les sens. C'est-à-dire qu'il a compris que pour atteindre à la poésie, à l'art, à la pureté, en fait, de la représentation, il doit se libérer de toute contrainte signifiante. Comment la parole pourrait-elle produire une distanciation suffisante par rapport aux systèmes d'interprétation qui nous sont imposés ? On se retrouve ici dans une situation analogue à celle de la pierre chez Spinoza[142]. Pour reprendre son exemple, imaginez une pierre que l'on lance en l'air et qui prendrait conscience d'elle-même alors qu'elle est déjà en plein vol. Elle se dirait : « Tiens, je sais voler! », uniquement parce qu'elle serait dans l'ignorance de la main qui l'a lancée. De la même manière, les propos que nous nous tenons à nous-même, sont déjà une superstructure que nous imposons au monde, que nous lui surajoutons pour le rendre signifiant à nos yeux. Et pouvons-nous honnêtement accepter l'idée que nous sommes à l'origine de cette nouvelle forme de structure et qu'elle n'est pas plutôt modélisée selon les critères qui nous ont été inculqués et que nous avons appris à *l'école de la vie* – expression qui fait particulièrement sens dans le cadre de notre propos –, que nous avons appris à reconnaître comme valables en fonction de notre expérience propre ?

Pour préciser davantage la question, est-il possible de se détacher de nos référents habituels par la multiplicité des expériences et le refus de toute signification absolue, telle que celles que l'on nous impose ? C'est ce qui se passe aujourd'hui avec le système capitaliste. On ne sort pas d'un sytème avec les mots ou avec les armes de celui-ci. Ce n'est pas en multipliant l'information que nous allons échapper à l'information. Pour essayer de remonter le fil de cette logique en nous conformant à ses propres critères d'analyse – ce qui est le travail de la pratique philosophique –, on nous a dit que la démocratie et la liberté de pensée venaient justement de cette possibilité de diversifier les sources d'informations. C'est la fameuse métaphore de l'abeille qui butine chaque fleur pour en faire son propre miel, que l'on doit à Clément d'Alexandrie[143]. Mais quand nous observons ce qui se passe aujourd'hui,

---

142 Cf. Spinoza, *Correspondance*, « Lettre à Schuller n° 58 ».
143 Cf. Clément d'Alexandrie, *Stromates*, I, 6.

la surabondance d'informations n'éveille pas l'esprit, au contraire, elle le noie. Elle ne permet pas de développer un système de pensée personnel, mais, à force d'informations, en définitive, nous ne savons plus quoi penser. Ce qui va dans le sens d'une pensée modélisée par la parole d'autrui et issue d'un modèle collectif qui nous a été inculqué au départ. Multiplier l'information n'est pas forcément une bonne chose, c'est ce que l'on peut observer avec l'éducation des enfants, lorsque l'on conseille de ne pas leur donner d'informations contradictoires si l'on veut que leur représentation du monde soit cohérente. Si ensuite l'on se dit que pour penser personnellement, pour avoir une pensée authentique qui ne soit pas prisonnière d'un système, ni même de son propre système, il faut multiplier les sources, cela reste une option possible. Mais, hormis de la confusion mentale, je ne vois pas ce que cela pourra produire, si ce n'est, peut-être, l'idée que celle-ci soit en définitive également un moyen d'accéder au-dehors, puisque, effectivement, nous pouvons assimiler cet état de confusion à une situation accidentelle telle que je l'ai expliquée. La multiplication des sources permettrait, au même titre que la contradiction logique, de produire un silence radio, permettant d'entrer en phase avec le monde tel qu'il se déroule indépendamment de la signification qu'on cherche à lui donner. Multiplier les sources jusqu'à se perdre, cela permettrait, en fin de compte, de se retrouver dehors.

Si j'ai choisi de parler de silence, plutôt que de chaos, pour caractériser cet état primordial hors système, c'est parce que la pensée, comme je l'ai déjà dit, se manifeste au travers d'une illusion sonore. C'est pour cela que j'ai opté pour ce terme. Le chaos est un concept qui fait peut-être sens, mais qui fait surtout *son*. Le chaos, c'est d'abord un son ou un pseudo-son dès lors que vous le pensez. Quand je parle d'un état primordial de silence, qui est l'état du monde en lui-même, je rappelle qu'il s'agit du silence du concept, d'un état antérieur à toute récupération par la parole. Or le chaos est un concept. La formulation même de l'absence de système est une élaboration de la pensée et cette pensée on l'entend comme une voix, parce que nous avons été éduqués comme cela. Parce que la pensée nous a été transmise, à l'origine, sous forme orale. Ce que l'on nomme la pensée est une imitation de cette parole originelle qui a été le média par lequel nous a été transmise la première représentation du monde à laquelle nous avons eu accès et que nous perpétuons sous forme de simulacre, car il n'y a pas vraiment de son, tout ceci est factice, nous ne faisons que l'imiter.

Pour continuer sur l'accident et en donner un exemple emprunté à la science, le nombre Pi, sa découverte, ainsi que son fonctionnement, sont des accidents. Son existence même n'a pas lieu d'être dans un monde comme celui des mathématiques. C'est-à-dire qu'il est très perturbant pour un mathématicien de rencontrer un nombre qui ne réponde à aucune période ni limite, qui se comporte comme une sorte d'électron libre. Des nombres tels que Pi sont des accidents, des intrusions du monde dans le système. Un irrationnel au sens mathématique, c'est-à-dire un nombre qui n'est pas le quotient de deux autres, est également un accident. Comment prétendre calculer juste en intégrant ce genre de nombres ? N'est-il pas passablement gênant d'en être réduit à des approximations quand on s'essaye à calculer ce qu'est la réalité ? Pour donner aussi l'exemple de la météorologie, il y a fort à parier que les météorologues auraient préféré ne pas être dans l'approximation un jour comme celui du Tsunami, ou dans d'autres cas similaires. C'est en ce sens que je dis que ces approximations mathématiques sont des accidents du système. Qu'un système mathématique idéal ne comporterait pas ce genre de nombres. Ce sont, je le répète, des intrusions inattendues du réel.

Si je travaille sur le concept d'accident en pratique philosophique, c'est justement parce que tous les systèmes avec lesquels l'homme essaye de mettre sous cloche, de subsumer, le réel, fuient. Tous ses systèmes fuient à un moment ou à un autre. Si l'on prend encore l'exemple des nombres dits transcendants, le terme lui-même indique qu'ils sont au-delà, au-delà dans le sens de non récupérables selon les critères logiques du système référent. Quand on parle d'un quelconque objet transcendant, cela veut dire que, dans une certaine mesure, on ne peut le comprendre selon nos propres critères logiques, qu'il nous échappe. Et je considère que le qualificatif de transcendant ne peut pas être considéré dans un sens purement mathématique, mais qu'il embraye forcément sur les connotations du sens plus général que l'on lui donne d'habitude et que ce n'est pas un hasard si c'est ce terme qui a été choisi à l'origine par Leibniz pour qualifier un problème mathématique. Qu'il n'existe pas à proprement parler de frontières étanches entre les différentes disciplines, que celles-ci ne relèvent en définitive que de stratégies de pouvoir. Il n'y a qu'un seul *logos*, celui de l'homme qui parle et qui se heurte, dès qu'il essaye de plaquer une structure, à une fuite du réel. C'est cette fuite du réel, que j'appelle l'accident, qui m'intéresse en pratique philosophique.

La contemplation appartient à la philosophie théorique, la pratique philosophique ne s'y adonne pas. Il n'y a pas de contemplation dans la caverne, le défilement incessant des ombres sur le mur, ainsi que les échos des voix des porteurs d'ustensiles qui parviennent aux prisonniers, la rendent *pratiquement* impossible. Contemplation qu'il faut entendre ici aussi bien à la façon dont elle est présentée par Platon dans l'allégorie de la caverne, c'est-à-dire comme l'activité principale du prisonnier une fois que celui-ci est sorti du système collectif de représentation auquel il appartenait : « il contemplerait pendant la nuit les constellations et le firmament » et « le soleil lui-même dans son propre séjour qu'il pourrait regarder et contempler tel qu'il est. »[144], que dans le sens que lui donne Aristote, à savoir comme l'activité la plus haute à laquelle l'homme puisse prétendre[145]. Mais que nous pouvons également rapprocher, de manière plus contemporaine, des techniques de méditation d'influence orientale en vogue dans nos sociétés. Pour la pratique philosophique en revanche, en tant que celle-ci considère qu'il n'est pas possible de sortir méthodiquement mais uniquement par accident du système, la contemplation, demeure un idéal, un horizon inatteignable[146]. L'accident ne se révélant pas particulièrement propice à l'état contemplatif.

Il ne faudra par ailleurs pas considérer l'accident, à la manière de ce que fait Platon, comme un simple moyen de passer d'une caverne à une autre, comme un simple désagrément passager qui sera finalement dépassé. Si vous quittez la route, si vous avez – ce que je ne souhaite à personne – un accident de voiture par exemple, au moment de l'accident, il n'y a plus rien. votre logique se voit entièrement prise en défaut. Vous ne contrôlez plus rien. Vous n'en êtes plus capable. Il n'y a plus personne aux commandes. De la même manière, si vous tombez amoureux, au moment où vous êtes troublé, intensément troublé, par une personne, cela renvoie à ce que je considère aussi comme une situation d'accident. Car je ne réserve pas ce terme aux seuls évènements négatifs, à ce qui est nuisible. Tous vos repères, mêmes vos gestes, vos mots, tout se trouve d'un coup bouleversé, sens dessus dessous. Le système de représentation qui vous servait jusque-là à vous repérer dans votre monde ne fonc-

---

[144] Platon, *La République*, VII, 516b.

[145] Cf. Aristote, *Éthique à Nicomaque*, X, 8, 7-8, 1178 b 21-28.

[146] Ce qui rejoint d'ailleurs ici la pensée d'Aristote.

tionne plus. Mais, en revanche, vous êtes à ce moment-là entièrement – si je peux me permettre de le dire, car je ne devrais même pas le pouvoir, puisque je parle justement du silence du concept –, vous êtes dehors, vous vous trouvez projeté dans ce qui est en train de se passer, dans ce *monde-déjà-là* sur lequel les concepts n'ont pas de prise. Plus tard, vous récupèrerez, vous assimilerez ce qui s'est passé à votre logique ou vous y adapterez votre logique. Mais, au moment de l'accident, vous n'entrez pas dans un nouveau monde, vous n'entrez nulle part. Vous êtes uniquement présent à ce qui a toujours été mais à quoi vous ne pouvez donner sens. Une fois que l'accident, que son moment propre, sera terminé, une fois que la douleur, le trouble, aura disparu, vous reprendrez tant bien que mal le contrôle, vous vous remettrez à parler dans votre tête, à prendre des repères, en vous disant, par exemple, que la fille vous rappelle votre premier amour, qu'elle est tout à fait votre genre, etc. Vous replacerez des repères un peu partout. Vous reconstituerez votre caverne, repasserez du plâtre, de la peinture, etc. Mais au moment où ça a craqué, au moment où tout s'est disjoint, vous étiez dans un silence radio conceptuel. C'est le propre de l'accident. Et vous auriez bien aimé y rester dans cet accident, que le moment se perpétue indéfiniment, pour le cas de la rencontre amoureuse tout au moins. Mais vous ne le pouvez pas. Parce que l'homme, comme je l'ai dit, a cette fâcheuse tendance à systématiquement créer une caverne partout où il passe. Il y est identitairement attaché. L'homme, c'est la caverne. Celui qui y pénétra le premier n'en était certes pas encore un, c'était à la rigueur un primate, un singe, on ne sait pas trop. Mais une chose est sure, c'est qu'une fois à l'intérieur, le miracle s'est produit. Dans notre imaginaire collectif, la caverne constitue le lieu originel de transsubstantiation de l'animal en homme. Et donc, je pourrais dire, que tout homme, pour pouvoir se considérer comme tel, doit d'abord faire sa caverne. Quoi qu'il arrive. Mais celle-ci, paradoxalement, le tient à l'écart du monde, elle le protège et, en même temps, elle le tient à l'écart. Alors qu'il aime vivre dehors. Car, après tout, on pourrait se dire que peu importe le fait de vivre dans une caverne. Mais non, parce qu'il aime vivre dehors. Il en aime l'idée. Il aime être amoureux. Il y a des accidents qui lui font peur, mais les bons accidents, quand le système se tait, c'est là qu'il se sent vraiment vivant. Un bonheur, comme on le voit, par exemple, dans des films comme *The Truman Show*[147], personne ne voudrait d'un bonheur sous contrôle. Personne ne veut d'un bonheur systémique. Le bonheur doit faire éclater le système, dans la vision que l'on en a. Et c'est pour cette raison aussi qu'en tant que philosophe praticien, je cultive l'accident. Pour permettre également à l'intuition de se faire jour. Si l'on entend bien par intuition la saisie immédiate de ce qui est en train de se produire, qui ne passe pas par la médiation d'un raisonnement, d'une logique, d'une structure mémorisée que l'on superpose au fait brut.

L'accident est forcément de l'ordre de l'indicible, sinon ce ne serait pas un accident à proprement parler. Mais comment, dans ce cas, peut-on faire le lien avec le reste, avec ce qui lui était antérieur ? L'accident perturbe et cette perturbation peut nous mener très loin, jusqu'à un point qui peut même s'avérer dangereux pour notre intégrité. Il peut nous laisser complètement désemparé. Il peut se faire que le choc soit tellement important que l'on risque de tout perdre une fois que « l'effet monde », comme on pourrait l'appeler, a eu lieu, que l'on soit incapable de revenir à ses anciennes valeurs, de se restabiliser dans son ancien système de pensée, et que l'on devienne complètement inadapté à ce nouvel environnement, que l'on ne reconnaisse plus son monde.

---

[147] *The Truman Show*, film américain réalisé par Peter Weir, 1998.

Cela s'est déjà produit, assez rarement fort heureusement. Des hommes qui ont rencontré des situations accidentelles tellement bouleversantes qu'ils n'ont jamais pu se réadapter. C'est l'exemple bien connu des soldats américains au Vietnam qui ont été tellement perturbés par ce qu'ils ont vécu que certains d'entre eux n'ont jamais pu « reprendre leurs marques » dans leur milieu d'origine. Ils n'ont pas pu revenir comme si de rien n'était dans la caverne. Ils sont sortis dehors. Le Vietnam, ça a été pour eux un dehors, un vrai dehors, un dehors dans lequel tous leurs repères se sont effondrés. Et quand ils sont revenus dans leur monde, dans leur caverne, comme c'est le cas dans l'allégorie platonicienne, ils n'avaient plus rien à y faire. On nous les représente souvent comme des marginaux, des exclus du système.

L'accident est donc à manier avec précaution parce qu'il peut aussi bien produire un bonheur d'une intensité maximum, une fois que l'on se trouve libéré de tous ces repères rassurants que l'on prend sur le monde, qu'entraîner une déstabilisation complète, une incapacité à se repositionner au sein d'un système de valeurs quel qu'il soit.

Dans le même ordre d'idées, l'expression « aller au-delà de soi-même » est intéressante. Aller au-delà de soi-même, entendu ici comme dépasser son propre système d'interprétation pour entrer en phase avec le monde tel qu'il se présente accidentellement à nous. Pour se dire au moins une fois dan sa vie : « J'étais là ». Parce que l'on en souffre de vivre toujours dans un milieu, dans un système, mémorisé, conditionné selon des repères que l'on a validés progressivement comme étant fonctionnels. C'est confortable, rassurant, mais il y a des moments, malgré tout, où l'on a tendance à s'y ennuyer. Où l'on a envie d'un appel d'air de l'extérieur. Mais on sait que l'accident comporte sa part de risque et de danger, qu'il peut nous entraîner trop loin parce que, par définition, avec l'accident, on ne sait pas ce qui va se passer. Il peut produire tout et son contraire.

Il y a une dernière utilité de l'accident en pratique philosophique, c'est de produire le dépassement et la réintégration dans une nouvelle[148] caverne de deux systèmes *a priori* incompatibles, de faire évoluer les mondes propres des différents participants, de les enrichir d'autres visions du monde, de leur « ouvrir l'esprit », qu'ils s'enrichissent mutuellement l'un l'autre au travers du travail du philosophe praticien. On pourrait craindre ici un risque de manipulation. Comme je l'ai dit, nous essayons par la parole de contrôler notre environnement pour l'adapter à nos propres repères. Mais la manipulation dépend surtout de la fin visée. Si vous cachez vos intentions, on pourra dire que vous essayez de manipuler votre entourage. Mais si vos intentions sont clairement exprimées, comme ce doit être le cas en pratique philosophique, il n'y aura pas manipulation. Il n'y a manipulation qu'à partir du moment où la fin visée est distincte de celle annoncée. C'est un des points sur lesquels la pratique philosophique s'écarte de la sophistique dans son acception courante.

Mais ne risque-t-on pas, dans le cas d'une confrontation de différents modes de pensée, de se trouver face à une personnalité dominante qui par l'usage d'artifices, d'ordre notamment rhétoriques, prenne le pas sur les autres ? C'est pour partie encore le rôle du philosophe praticien de faire la part des choses et de désamorcer, parmi les différents publics avec lesquels il est amené à interagir, toute tentative de « phagocyter » la pensée d'autrui.

---

[148] Mais ce, bien entendu, de manière totalement imprévue.

10. ACTUALITE DE LA CAVERNE

Pour ce dernier chapitre, je voudrais m'intéresser à la question de la caverne et de son actualité. Pas seulement à la caverne telle que l'utilise Platon, chez qui elle ne sert que de simple décor, de toile de fond, qu'il n'exploite pas véritablement. Il ne décrit pas la caverne – sa structure, la matière dont elle est constituée –, ce n'est pas quelque chose qui lui importe dans l'allégorie. Ce que l'on peut y voir, au mieux, c'est une métaphore de la matrice, de l'appareil génital féminin, notamment au travers de la difficulté qu'il y a à s'en extraire : « Et si [...] on le tirait de là par force, que l'on lui fît gravir la montée rude et escarpée, et que l'on ne le lâchât pas avant de l'avoir traîné dehors à la lumière du soleil, ne penses-tu pas qu'il souffrirait et se révolterait d'être ainsi traîné »[149]. Pour ma part, je souhaiterais aborder l'objet caverne en lui-même, non pas dans l'absolu, mais au niveau de la représentation que l'on s'en fait aujourd'hui. C'est-à-dire au niveau symbolique. Que représente la caverne, l'objet caverne, dans notre imaginaire collectif, dans notre système de pensée occidental ? Et la question que je

---

[149] Platon, *République*, livre VII, 515 e-516 a.

poserai tout d'abord, c'est : « Pourquoi se retrouve-t-on à l'origine dans une caverne ? »

UN LIEU PARADOXAL

L'explication la plus simple, c'est qu'à l'origine nos ancêtres se réfugièrent dans une caverne pour s'y protéger des dangers que représentait pour eux l'extériorité, c'est-à-dire le monde, la nature, – ce fameux *monde-déjà-là* dont j'ai parlé –, pour s'y protéger d'une nature dont ils ne s'étaient pas encore rendus « comme maître et possesseur »[150], selon la fameuse expression de Descartes. Donc, cet homme, ou plutôt ce pré-homme, car il ne s'agit pas encore à proprement parler d'un homme, qui a peur et qui fuit un monde étrange – étrange qui nous vient du latin *extraneus*, signifiant du dehors, extérieur –, un monde hostile, ce préhomme court se réfugier dans une caverne. Ça c'est l'image que nous autres occidentaux, à partir de la seconde moitié du XIXème siècle, avec la découverte de l'art pariétal, nous commençons à nous faire de cet endroit. C'est la façon que nous avons de nous le représenter : un lieu refuge. Ce lieu refuge est intéressant parce que paradoxal. Pourquoi ? Parce que la caverne fait autant partie de la nature qu'elle est un abri contre elle. Elle est à la fois naturelle et anti-naturelle. Elle fait partie intégrante de la nature, dans le sens où il s'agit d'une production de celle-ci, sans aucune intervention humaine, en même temps qu'elle s'en exclut en offrant à l'homme une protection contre elle. Un lieu à la fois *dans* et *hors de* la nature. C'est ainsi que nous nous la représentons, de manière symbolique.

---

[150] Descartes, *Discours de la méthode*, sixième partie, p. 127..

LÀ OÙ L'ALCHIMIE DEVAIT SE PRODUIRE

Je voudrais ensuite m'interroger un peu plus sur l'identité de cet être mystérieux qui le premier, comme ça, dans l'ombre, courut se réfugier, se faufila, à l'intérieur de la caverne. Quel était cet être ? Théoriquement, il ne s'agissait pas encore d'un homme. C'était tout au plus un lointain cousin, un primate, l'équivalent d'un singe. Ce qui est étonnant, par contre, c'est que quand il en est ressorti — si tant est que ça ait jamais été le cas —, cet être que l'on imagine maintenant se tenir debout sur le seuil et bomber fièrement le torse face au soleil, soit devenu un homme. La caverne représente le lieu de la métamorphose, de la transsubstantiation, de l'animal — cet être étrange, étranger, qui appartient au *monde-déjà-là* — en homme. Pour le dire simplement, elle est le lieu où l'homme va développer, à l'abri du monde qui l'effraie, sa première culture. C'est cette image des grottes que l'on a tous en tête, comme par exemple celle de Lascaux, où l'homme, si l'on s'en réfère aux images peintes sur les parois, va commencer à superposer sa version culturelle à la réalité du monde.

La caverne de Platon, quant à elle, n'exploite pas et pour cause cette idée, puisque celle-ci est le fruit de représentations relativement récentes. Dans la caverne de Platon, les hommes qui s'y trouvent, les prisonniers, ne sont pas des réfugiés. Et l'on pourrait me faire remarquer que l'approche historico-scientifique de la caverne que nous avons aujourd'hui ne saurait s'appliquer à l'utilisation qu'en fait Platon dans l'allégorie, si ce n'est peut-être comme lieu de gestation. Dans l'allégorie, les prisonniers ne sont pas des hommes qui ont fui le monde. Alors qui sont-ils ? Puisqu'ils sont censés, comme le dit Socrate, nous ressembler. Comment expliquer qu'ils se trouvent ainsi enchaînés depuis l'enfance ? Pour quelle(s) raison(s) le sont-ils ? L'-

hypothèse que je formule, c'est qu'il ne s'agit pas, à proprement parler, de prisonniers. Pourquoi cela ? C'est la référence à l'enfance qui nous l'indique. Quel crime, s'ils sont bien restés enchaînés depuis l'enfance, peuvent-ils avoir commis ? Aucun. À moins de supposer dans une optique judéo-chrétienne qu'ils n'aient à payer pour un crime originel dont ils ne seraient pas directement responsables, il n'y a *a priori* aucune raison d'enchaîner ces hommes. Et Platon, encore une fois, n'aurait pu émettre pareille hypothèse et ne fournit pas d'autre explication. Par ailleurs, il nous les montre comme plutôt heureux de leur condition. Ils nous sont décrits comme s'exerçant à des sortes de joutes oratoires au sujet des ombres qui défilent devant eux : « Quant aux honneurs et aux louanges qu'ils pouvaient alors se donner les uns aux autres, et aux récompenses accordées à celui qui discernait de l'œil le plus pénétrant les objets qui passaient »[151]. Donc, non seulement ils semblent qu'ils soient enchaînés sans avoir pour autant commis aucun crime, mais, de plus, leur séjour ne nous est pas présenté comme des plus malheureux. Se pose alors la question : qui enchaîne-t-on comme ça, alors qu'il n'a commis aucun crime ? Qui tient-on en laisse de cette façon ? Et la réponse est assez simple en définitive : ce sont les enfants. Les prisonniers, nous autres, sont en fait considérés au travers de l'allégorie platonicienne comme des enfants. Si l'on nous tient en laisse, ce n'est pas pour nous faire du mal, ce n'est pas parce que l'on a « péché », ce n'est pas parce que l'on a commis un crime, c'est simplement pour nous protéger des dangers que représente l'extériorité, le dehors du système. Et c'est là que nous retrouvons la première idée, celle de la caverne comme un lieu refuge. On nous y tient à l'abri des menaces du dehors. Cette condition infantile qui nous caractérise est l'explication la plus plausible pour

---

[151] *Ibid*, 516 c.

comprendre la raison de l'enfermement des prisonniers. D'autant plus que Platon précise qu'ils ne sont pas encore éclairés par l'éducation et qu'il compare les porteurs d'ustensiles qui se trouvent derrière le muret à des montreurs de marionnettes[152], un spectacle avant tout destiné aux enfants.

Ce lieu refuge qu'est la caverne dans l'allégorie platonicienne, nous est présenté également comme un haut lieu de la sophistique qui constitue le principal adversaire de la philosophie à l'époque. Les sophistes représentent pour Platon des adversaires politiques puisque Platon veut *in fine* installer la philosophie à l'intérieur du système, c'est-à-dire dans la πόλις, la cité grecque. Il va essayer de les supplanter, de prendre leur place, grâce à la philosophie. Mais ça ne s'est jamais réalisé. La philosophie n'a jamais réussi à remplacer les ténors de la politique.

La principale différence entre la philosophie et la sophistique tient, comme je l'ai déjà dit, à la fonction que chacune attribue au langage. Les sophistes de la première période, contemporains de Socrate et de Platon, avec notamment les figures de Protagoras et de Gorgias, considèrent que le langage n'a d'autre fonction que d'entretenir une communication interne dans un système donné. Qu'il n'a de valeur qu'à l'intérieur d'un système de représentations, d'une façon que l'on a de se représenter le monde. Qu'il n'a pas de vérité dans le monde lui-même (ce n'est pas son objectif). La seule fonction du langage, ou en tout cas une de ses fonctions principales, c'est celle de φάρμακον, et ce à quoi peut prétendre le discours, c'est, au mieux, d'être un φάρμακον. Il ne dit rien de vrai, mais il permet d'améliorer une vision pernicieuse du monde. Et, ce faisant, d'entraîner un mieux-être chez le « patient », à condition d'être savamment dosé, en résolvant les contradictions qui

---

[152] Cf. Platon, *République*, VII, 514 a-b.

l'animent. Je fais référence ici surtout à Protagoras : c'est lui qui parle de φάρμακον. Protagoras dont ont peut retrouver la trace chez des philosophes pourtant traditionnels comme Berkeley et Wittgenstein, qui utiliseront des formules assez proches de celle du sophiste disant que « l'homme est la mesure de toute choses »[153], soit que la vérité dépend de la représentation que l'on s'en fait. Berkeley quand il nous dit qu'« Exister (existere) c'est être perçu (percipi) »[154], soit que la réalité du monde se limite aux idées que nous en avons, qu'au-delà de ces idées, il n'y a aucune substance que l'on puisse affirmer. Et Wittgenstein avec : « *Les frontières de mon langage* sont les frontières de mon monde. »[155]. Soit que le monde, en tout et pour tout, se limite aux mots que j'ai pour le dire. Un objet sans nom n'existant tout simplement pas dans mon monde. Le langage a donc, chez ces différents penseurs, principalement une fonction de communication dans un système clos sur lui-même, ce que j'entends par une caverne.

La philosophie traditionnelle et la sophistique entretiennent de nombreuses similitudes, elles fonctionnent toutes deux en utilisant la logique, c'est-à-dire un discours structuré de manière cohérente, censé emporter l'adhésion de l'interlocuteur, ou tout au moins de l'auditeur. Mais le philosophe, à commencer par Platon, avance cette carte supplémentaire, sa carte maîtresse, celle de la vérité : ce qu'il nous dit est vrai, au-delà du système d'interprétation lui-même. La valeur de vérité de son discours ne se limite pas aux présupposés et au cadre dans lequel celui-ci s'inscrit. La vérité n'est plus une simple valeur parmi d'autres, elle existe indépendamment, par elle-même et pour elle-même, en-dehors de la caverne. Le discours philosophique prétend nous dire véritablement ce que sont les

---

[153] Platon, *Théétète*, 152 a.

[154] Berkeley, *Oeuvres I*, « Notes philosophiques », carnet A, 429.

[155] Wittgenstein, *Tractatus logico-philosophicus*, 5.6.

choses. C'est en ce sens que l'on entend communément la notion de vérité, comme une adéquation entre le discours et l'objet, comme un discours qui colle au réel. Le problème, comme on l'a vu, de ce discours philosophique qui développe une théorie sur le monde[156], c'est qu'il rompt avec la dimension communicationnelle du langage. C'est-à-dire que pour atteindre la vérité, le philosophe doit rompre avec la caverne, couper le cordon. Et, ce faisant, couper court à la communication. C'est un des principaux problèmes qu'a rencontré dans son histoire la philosophie théorique, c'est-à-dire la philosophie qui avance des thèses, qui affirme quelque chose sur le monde. Elle a rompu radicalement avec le système d'origine, la caverne, la cité, la *pólis*, comme on voudra l'appeler, et ce faisant elle s'est isolée. C'est-à-dire qu'au niveau du grand public, de tout un chacun, de tous ceux qui ne font pas partie du rang de ses adeptes, qui n'en ont pas spécialement étudié les auteurs, son discours apparaît comme éloigné, distant du réel. Ce qui est assez grave pour une discipline qui prétend justement produire un discours en totale adéquation avec celui-ci. C'est suite à ce constat d'échec de la philosophie théorique en matière de communication, cette difficulté qu'elle n'a cessé de rencontrer à communiquer avec le grand public, qu'il m'a semblé nécessaire de réinvestir la voie de la pratique.

Pratique qui se situe dans la continuité de la démarche socratique, c'est-à-dire entre la sophistique et la vision habituelle que l'on se fait de la philosophie, à savoir celle d'une discipline purement théorique, qui se contente de développer des théories sur ses objets, sur ce dont elle parle. Cette démarche intermédiaire c'est effectivement celle du personnage socratique qui remet en question les préjugés du système, qui en montre les failles, les faiblesses, mais qui ne propose rien en échange, ni vérité ni autre caverne. Quelle peut bien être l'utilité d'une telle pratique si

---

[156] Ou, de manière plus restrictive, sur l'objet qu'il considère.

elle se limite exclusivement à déstabiliser un système de pensée ? Comme je l'ai déjà dit, les prisonniers s'y sentent bien dans leur caverne. Alors pourquoi venir, comme le faisait Socrate, perturber l'ordre établi, celui d'une caverne bien « huilée » ? C'est un vrai problème que rencontre la pratique philosophique et qu'a rencontré également Socrate puisqu'il a été condamné à mort pour cette raison, pour avoir voulu intervenir dans la caverne. La caverne l'a condamné à mort et c'est aussi la fin de la petite histoire de l'allégorie : « ne le tueraient-ils pas ? », demande Socrate. « Ils le tueraient certainement », répond Glaucon, son interlocuteur[157]. Aussi, sur la question de l'actualité de la pratique philosophique et de la façon d'intervenir dans la caverne, il y a un élément important au niveau méthodologique sur lequel je voudrais insister : il serait malvenu, quand on connaît l'histoire, de vouloir imposer à un système quelconque sa propre remise en question. Venir, à la manière de Socrate, perturber le confort de ceux qui séjournent dans la caverne. Il s'avère préférable de remettre en question un système qui se reconnaît déjà comme fragilisé. C'est-à-dire qu'il faut que la demande émane du système lui-même pour ne pas passer pour une simple provocation de la part du philosophe praticien, ce côté provocateur étant également un des principaux travers reproché à Socrate de son vivant. Et aujourd'hui on peut dire que la situation s'y prête plutôt bien, puisque nous vivons dans une société où le système crie ou crisse, où la caverne tremble et se fissure par endroits. Le système reconnaissant ses failles, l'interrogation, la remise en question de ses propres présupposés, en suivant une méthode d'obédience ou d'origine socratique peut, dans ce cas, se révéler féconde.

Même si chacun de nous vit dans la caverne des présupposés qui lui ont été inculqués, cela n'empêche pas de

---

[157] Platon, *La République*, livre VII, 517 a.

pouvoir réfléchir. Le propre d'une caverne, c'est comme dans une salle de cinéma, quand le film commence, nous ne voyons plus les murs. Nous sommes enchaînés métaphoriquement aux présupposés du système dans lequel nous nous développons culturellement. Pour le dire de manière moins imagée, nous sommes le produit d'un environnement culturel, d'une communauté culturelle, qui nous éduque, nous modèle, selon ses propres valeurs. Une autre question de l'allégorie est de savoir pourquoi libérer tel prisonnier plutôt qu'un autre ? C'est à ce propos que j'ai avancé la notion d'accident comme facteur déterminant. Seul un accident peut produire une perturbation dans le système, car rien ne justifie par avance qu'un des prisonniers soit choisi. Pourquoi celui-ci ? Pourquoi dans une famille parfaitement stable en apparence, un des enfants va sortir, briser, ouvrir une faille, fissurer et finalement déstabiliser l'ensemble du modèle ? Un accident. Cela demeure de l'ordre de l'inexplicable car c'est contre toute logique, ce qui est au demeurant plutôt positif car ainsi la notion de liberté se trouve, dans une certaine mesure, préservée.

Socrate, ou un personnage similaire, choisit de libérer un des prisonniers pour le faire sortir, le mener jusqu'à l'extérieur. Pourquoi celui-ci ? Comme on vient de le voir, il n'y a pas vraiment de réponse. Mais ce que l'on peut toutefois dire, c'est que pour faire sortir un prisonnier, il faut soi-même venir de l'extérieur, d'une forme d'extérieur, c'est-à-dire d'une alternative au modèle dominant. Pour sortir, il faut l'aide d'un élément perturbateur qui fasse office d'accident. Sans cela toute sortie est *a priori* impossible. Il n'est pas possible de sortir tout seul, de son propre chef, car nous suivons tous une logique conditionnée par notre modèle éducatif, etc., et, sans influences externes, il n'y a aucune raison pour que l'on ne se maintienne pas dans ce cadre. Seul, nous ne voyons pas les failles. Il faut qu'un regard extérieur vienne nous mettre le nez dessus. Il faut bien comprendre qu'un modèle de représentation, quel qu'il soit, s'il était capable d'appréhender ses propres limites, ses propres failles, et de les considérer comme telles, les corrigerait aussitôt. Comme le montre Platon dans l'allégorie, le prisonnier ne sort pas par ses propres moyens. Il nous est présenté enchaîné, dans une situation d'immobilité totale.

La révélation, c'est autre chose. La philosophie traditionnelle, comme la religion, fait intervenir un élément mystique, la vérité et les idées chez Platon, Dieu chez Descartes, etc., pour expliquer la sortie du système. Dans tous les cas, celles-ci ne peuvent justifier rationnellement l'intrusion du perturbateur. Puisque logiquement, et c'est valable pour tout système, à quelque niveau que ce soit, même au niveau individuel, il existe une structure préconçue que l'on applique aux différentes situations. Tout système suit sa logique propre et n'a aucune raison, fonctionnant par imitation, de produire une quelconque perturbation. D'un strict point de vue logique, un système ne devrait pas pouvoir être perturbé.

Je voudrais maintenant considérer l'opinion fort répandue selon laquelle nous possèderions chacun notre propre caverne. J'y répondrai d'abord par la négative car nous avons tous grandi dans un système de valeurs que nous avons, par mimétisme, reproduit et que nous ne cessons de continuer à imiter ; nos valeurs référentes, ce qu'il faut faire et ne pas faire, ce que sont et ne sont pas les choses, ce qui est bien et ce qui est mal. Même dans le cas d'un caractère déviant, celui-ci se détermine par rapport aux normes d'un modèle référent auquel il ne cesse par conséquent d'appartenir, comme le fait remarquer l'anthropologue Gregory Bateson[158].

---

[158] Gregory Bateson, *Vers une écologie de l'esprit*, tome 1, deuxième section, « Le "moral" des nations et le caractère national », pp. 127-128.

Mais il est également possible de répondre par l'affirmative, à condition toutefois d'admettre que nous n'en sommes aucunement responsables. Cette part de liberté que nous revendiquons ne tient, selon moi, qu'au fait purement fortuit que nous n'avons pas tous été éduqués dans des conditions identiques. Il ne s'agit pas là d'une singularité réellement assumée de notre part. À supposer que l'on nous ait tous mis dans le même incubateur, comme une série de clones, par exemple, et soumis continuellement au même flux d'informations, etc., il est plus que probable que, dans de telles conditions, nous habiterions tous la même caverne. Et cette remarque n'est pas d'ordre simplement théorique. Quand on écoute parler différents membres d'un même groupe d'appartenance, religieux ou autre, je n'irai pas jusqu'à dire qu'ils tiennent tous des propos identiques, parce qu'effectivement la vie produit sa dose de contingence et que nous ne sommes pas tous issus du même moule, pour reprendre les mots de Rousseau[159], mais que ceux-ci sont suffisamment proches pour conserver sa cohésion au groupe. Et, dans le cas de figure d'un système politique idéal, c'est-à-dire qui disposerait des moyens de contrôler parfaitement le modèle et le suivi éducatif de tous ses membres, il y a fort à parier que nous ne disposerions pas chacun de notre propre façon de penser, mais que nous partagerions tous la même. Comme c'est le cas dans l'allégorie platonicienne pour les prisonniers, ainsi que, par exemple, dans l'univers que dépeint Aldous Huxley dans son roman *Brave New World*, où tous, hormis le personnage principal qui échouera d'ailleurs au final — et c'est la grande leçon du roman —, sont pleinement satisfaits des modes de vie pour lesquels ils ont été conditionnés.

Pour critiquer et produire un modèle alternatif, il faut que celui qui critique ait été soumis à des courants d'in-

---

[159] Rousseau, *Les Confessions*, première partie, livre I.

fluence divers et variés, de provenance externe. C'est parce qu'il y a une circulation de l'information que la critique est rendue possible. Cette circulation de l'information qui ne cesse de s'accroître aujourd'hui avec notamment le phénomène d'Internet, le fait que divers modèles de représentation, différentes visions du monde, circulent librement et que l'on puisse y avoir accès beaucoup plus facilement que par le passé – même si Internet n'est peut-être pas aussi libre que l'on voudrait nous le faire croire – représente à mon avis une menace pour la stabilité générale du modèle occidental. Dans des sociétés de type archaïque comme il en existe encore quelques unes, subissant relativement peu d'influence de l'extérieur, la structure semble figée, comme suspendue hors du temps. Il n'y a guère de perturbateurs dans ce type de configuration. Ceux-ci ne sont susceptibles d'intervenir qu'à partir du moment où des échanges ont lieu entre différentes cavernes[160]. Et pour ça il faut que les vannes de la communication soient ouvertes. Dans une société où la communication est limitée, il y a forcément davantage de stabilité. Mais plus celle-ci s'accélère et plus différents systèmes de valeurs sont amenés à se côtoyer, favorisant les failles et le risque de voir à terme l'ensemble de l'édifice s'écrouler.

---

[160] Pour reprendre l'épisode biblique de la tour de Babel, si Dieu n'avait pas éparpillé les hommes et multiplié les langues pour nous empêcher de nous comprendre, il y a fort à parier que nous penserions tous à l'identique et qu'aucun perturbateur ne viendrait remettre en question notre système de valeurs.

Remarques [161]

Intervenant 1 : Même dans les systèmes primitifs, il y a des ados, il y a un renouvellement.

A. G. : Ah, les fameux ados! Eh bien effectivement vous me posez une colle. Il y a là quelque chose d'assez paradoxal. Je connais mal les adolescents d'autres cultures ou de périodes différentes de l'histoire, mais il semblerait en tout cas, à ce que l'on en dit – alors est-ce que ce n'est pas une vision purement occidentale et assez récente –, que l'adolescent, quoi qu'il arrive, remette en question le système référent.

Intervenant 1 : Tous les parents le savent.

A. G. : Et je vous dirai que plus que ça, plus loin que ça, et ça m'embête beaucoup même de le dire, c'est que dans les sociétés animales, je vais les appeler comme ça, comme celle des singes ou des sociétés du même type, il y a effectivement une remise en question de l'autorité par les jeunes mâles. Mais sans pour autant que les repères du groupe se voient remis en cause.

Intervenant 1 : Rien que le fait qu'il faille un homme et une femme pour faire un enfant, cela crée l'obligation d'une intervention extérieure au système pour le faire se développer.

A. G. : Je ne comprends pas très bien.

Intervenant 1 : L'homme et la femme se mettent ensemble et procréent des individus qui ne sont ni lui ni elle, qui ne sont pas des clones, qui ne sont pas la reproduction du système tel qu'il est dans la caverne. Dès l'in-

---

[161] Ces remarques font suite à la conférence sur l' « Actualité de la caverne » donnée à l'UIA de Versailles en avril 2014. Nous avons choisi de les retranscrire ici pour rendre compte de la dimension dialogique de la pratique philosophique.

térieur de la caverne, il y a des éléments de renouvellement.

A. G. : La perturbation, quoi qu'il arrive…

Intervenant 1 : La perturbation, elle est déjà dans la caverne.

A. G. : Elle est déjà intégrée dans la caverne. Donc, vous dites qu'un système n'est jamais stable, par définition.

Intervenant 1 : Exactement.

A. G. : Et que le contrôle n'est qu'un fantasme. Mais qu'est-ce que vous faites, dans ce cas, de la logique ?

Intervenant 1 : Elle fait partie du système aussi.

A. G. : Mais c'est le côté face. Tandis que la perturbation serait, en quelque sorte, le revers de la médaille.

Intervenant 1 : Vous avez dit vous-même que la vérité n'était ni chez les philosophes ni chez les sophistes, que l'on ne pouvait pas imaginer la philosophie sans la sophistique, que dans ce cas il n'y avait pas de communication.

A. G. : C'est en effet ce que j'ai dit.

Intervenant 1 : Et la sophistique ne peut pas arriver à une vérité absolue.

A. G. : Elle n'y prétend pas.

Intervenant 1 : Pourtant, vous nous avez quand même montré qu'il y avait une complémentarité entre les deux démarches.

A. G. : C'est exact. Et il y a effectivement, dans l'allégorie elle-même, une perturbation. Il y a le moment de la perturbation.

Intervenant 1 : Ce que je vous dis c'est que la perturbation fait partie intégrante de chaque système.

Intervenant 2 : On est tous des perturbateurs. C'est le sens de la fameuse injonction socratique « Connais-toi toimême »[162], c'est-à-dire voyage à l'intérieur de ta propre grotte, de ta propre caverne, va puiser dans ton for inté

---

[162] Cf. Platon, *Charmide*, 165 b.

rieur. C'est comme Dostoïevski dans *Les carnets du sous-sol*. La facilité c'est de suivre la masse, alors que l'on sait, à l'intérieur de soi, que ce n'est pas la bonne direction mais, par facilité, on suit, on adhère au mouvement. On est tous des perturbateurs potentiels mais, malheureusement, on ne fait pas l'effort de l'assumer jusqu'au bout.

A. G. : Après tout, je suis assez d'accord avec ce qui vient d'être dit parce qu'il est vrai, et je m'en rends compte, que j'ai aussi organisé tout mon propos autour de la perturbation comme quelque chose d'essentiel. Mais quand vous dites que nous n'assumons pas notre côté perturbateur jusqu'au bout, ce ne serait pas vivable non plus. Le côté mécanique du système est nécessaire à l'homme pour se reconnaître comme tel, pour savoir qui il est. Pour une question d'identité, il est forcé de poser aussi une caverne.

Intervenant 3 : Je voudrais donner un exemple, celui de certaines tribus africaines car effectivement la tribu ça peut-être l'équivalent de la caverne. Les gens vivent dans une osmose et lorsque le perturbateur arrive, et que ce n'est pas viable dans cette caverne tribale si vous voulez, il y avait un mot en Côte d'Ivoire qui disait : « Il a été accompagné. » C'est-à-dire qu'il sortait de la caverne, on le conduisait dans la brousse, et on le laissait mourir en fin de compte. Cet individu qui ne pouvait pas vivre en osmose avec la tribu constituée était sacrifié.

A. G. : J'adhère complètement à ce qui a été dit et je ne comprends même pas que ça ait pu m'étonner un instant. On pourrait effectivement dire que l'identité de l'homme est une identité caverneuse et donc plus proche de la sophistique. Je pense que, jusqu'ici, tout le monde est d'accord. Mais il y a une chose qui m'intéresse et je voudrais avoir vos réactions. Je pose que la mécanicité du système est nécessaire à l'homme pour définir une identité. C'est-à-dire qu'il doit s'appuyer sur des préjugés stables, ou des repères stables, pour se conquérir comme homme. D'un autre côté l'élément perturbateur, ou la perturbation, ce que j'ai qualifié par le terme d'accident, est présent dans tous les systèmes. C'est-à-dire que tout système – aussi bien dans l'allégorie, mais même au-delà, que l'on parle des adolescents ou des tribus africaines, etc. – est obligé d'admettre l'accident et le fait qu'il va se trouver, à un moment donné, face à un élément perturbateur. Cela fait partie des conditions de départ. On l'accepte. On reconnaît la valeur de la sophistique, c'est-à-dire que le langage nous sert à communiquer et à renforcer les valeurs du système, et l'on accepte la démarche socratique, à savoir l'accident. Tout système va rencontrer son accident, on va dire que ça fait partie de sa définition même. Mais, par contre, que faisons-nous de la théorie ? De la philosophie en tant que discipline théorique ? Parce que la philosophie théorique se présente comme une volonté de poser, en dehors de tout cadre, une vérité essentielle sur le monde. Qu'un scientifique ou un philosophe réussisse à atteindre une hypothétique vérité et il éliminerait du même coup la question du perturbateur. Si nous avons un perturbateur, c'est uniquement parce que la vérité n'est pas atteinte. Si tel était le cas, le perturbateur n'aurait plus de raison d'être, il ne pourrait plus intervenir. Socrate ne peut intervenir que parce qu'il y a un jeu des ombres et des illusions. Un scientifique ne peut intervenir que parce qu'il y a des failles dans le système de représentation et que donc celui-ci n'est pas absolument vrai. Si la science atteint jamais la vérité, plus aucun scientifique n'aura à faire de vagues.

Intervenant 1 : Est-ce que ce n'est pas parce que la réalité est infinie et que l'on ne peut pas définir l'infini ?

A. G. : Alors, dire que la réalité est infinie, c'est encore une fois une affaire de représentation. L'homme voit le réel comme infini. Parce qu'il n'en a jamais touché le bout. Je différencie ici un infini en acte, c'est-à-dire un monde véritablement infini, d'une représentation du monde comme infini. En fait, que le monde soit infini ou pas, nous n'en savons strictement rien.

Intervenant 1 : Mais est-ce que l'on peut le savoir ?

A. G. : Dans l'état actuel de nos connaissances, nous ne pouvons pas le savoir. En tout cas nul n'a jamais réussi à en toucher le bout, concrètement.

Intervenant 1 : Oui mais si l'on touchait le bout, ce ne serait plus le bout. Ce ne serait plus infini.

A. G. : Je ne suis pas sûr que ce soit aussi simple que ça. Dans notre logique effectivement, si nous touchons le bout, il y aura forcément quelque chose d'autre derrière. C'est logique. Qu'est-ce qu'il y a derrière, si on arrive au bout ? C'est inconcevable pour nous qu'il n'y ait rien. Mais je rappelle la métaphore du chat de Schrödinger, au niveau de la physique quantique, ce qui se passe est irreprésentable. Donc que l'homme touche un jour un bout, soit par le biais de la science, soit par un autre biais, ce n'est pas parce que notre logique ne peut pas le comprendre aujourd'hui que c'est pour autant une impossibilité pure. Il est concrètement possible qu'il y ait un bout sans plus rien derrière. Même si notre logique nous pousse à penser le contraire. Parce que nous avons toujours, en quelque domaine que ce soit, rencontré un derrière, une face cachée, à part lorsque nous parlons d'abstractions pures. Empiriquement, le monde ne s'est jamais totalement dévoilé. Et c'est uniquement parce que l'homme a toujours rencontré quelque chose derrière, qu'il en conclu qu'il y aura toujours quelque chose derrière. Pour reprendre Hume la relation de causalité se fonde uniquement sur nos habitudes, non sur une quelconque nécessité.

Intervenant 2 : Pour faire référence à nouveau à Dostoïevski, dans *Les Frères Karamazov*, on a une sorte de réponse. À un moment donné, il y a Ivan, le « scientifique » qui pose la question : « Quel est le sens de la vie ? ». Et il y a une réponse de son frère, Aliocha, qui dit : « Aime la vie et la vie aura un sens. »

A. G. : La formule est séduisante mais que signifie-t-elle exactement ?

Intervenant 2 : Qu'il faut commencer par aimer, par poser un regard d'émerveillement, d'amour ou d'étonnement, pour que petit à petit un sens se dessine.

A. G. : J'ai du mal à concevoir que quelqu'un qui cherche un sens soit capable d'aimer. Et que quelqu'un qui aime cherche encore un sens.

Intervenant 2 : Il trouvera dans l'amour un sens.

A. G. : Cette formule cherche à concilier, à mon avis, des inconciliables, c'est-à-dire la confiance et le contrôle. Une volonté de contrôler son environnement et une envie, également, de lui faire confiance.

Intervenant 2 : Il y a bien quelque chose comme un acte de foi.

Intervenant 3 : Ça ne marche pas toujours.

A. G. : Et c'est un euphémisme. Pour en revenir à la caverne, celle-ci n'est pas le règne de l'obscur. Elle se situe entre deux eaux. C'est-à-dire que l'on ne voit pas les murs qui sont plongés dans l'obscurité mais il y a une lumière artificielle qui est projetée sur ce qui fait office d'écran. Il s'agit donc d'une semi-obscurité. Il faut bien faire la différence. La caverne se situe entre nature et culture, c'est ce qui fait son intérêt. Elle si situe toujours entre deux eaux. Elle n'est pas obscure, seule sa structure l'est, seul le décor, la toile de fond l'est. Mais ce qui s'y déroule, le scénario, le jeu des acteurs, se passe dans une semi-obscurité. Il y a un feu dans la caverne, je le rappelle, il y a une lumière. Donc la caverne est un lieu intermédiaire entre l'obscurité complète et la lumière aveuglante, entre sophistique et philosophie, pour reprendre ce que nous dit Platon dans *Le Sophiste*[163]. Et celui

---

[163] Cf. Platon, *Le Sophiste*, 254 a - b.

qui joue le rôle de Socrate dans l'allégorie va faire sortir « à force de questions », dans la souffrance, le prisonnier. Il va le soumettre à la question. S'agit-il d'un personnage providentiel ? Est-ce que tout humain est capable de s'extraire du jeu des présupposés auxquels il a été soumis ? Non, on a plutôt tendance à les renforcer, à les maintenir. Je ne parle plus ici de l'adolescence mais d'une fois que vous avez installé votre cadre de vie, que les racines ont pris.

Intervenant 4 : Mais ce n'est plus le même que celui des parents.

A. G. : Ce n'est plus le même ? Passé le cap critique de l'adolescence, que l'on ne retrouve pas le cadre originel dans lequel on a grandi, je ne serais pas aussi affirmatif que ça.

Intervenant 4 : Mais il y en a deux.

A. G. : Deux quoi ?

Intervenant 4 : Deux parents. Ce ne sont pas les mêmes.

A. G. : Deux parents qui s'entendent ou ne s'entendent pas sur un même système de valeurs, qui ne font ou pas plus qu'un au niveau de la représentation. Deux parents ne veut pas forcément dire des parents qui ont des avis différents sur le monde dans lequel ils vivent. D'ailleurs on demande bien aux parents de donner des repères à leurs enfants, et pour cela il faut s'accorder sur les valeurs et sur la signification. Si un des parents dit blanc quand l'autre dit noir, ça va être compliqué pour l'enfant.

Intervenant 4 : C'est un mélange permanent de différents systèmes.

A. G. : Vous êtes en train de me dire que la caverne est aérée de toute part. Mais alors comment expliquez-vous cette sclérose ou cet acharnement des systèmes quand on les agresse ?

Intervenant 4 : Parce que ça fait peur, c'est dangereux.

A. G. : Et s'il y a une aération permanente comme vous le laissez entendre.

Intervenant 4 : Il n'y a qu'une légère aération, comme un courant d'air.

A. G. : Vous nous dites qu'il faut que les systèmes communiquent entre eux mais de manière douce, sans remettre en question, mettre en danger, déstabiliser les référents.

Intervenant 1 : C'est de moins en moins vrai mais dans les sociétés archaïques, la caverne concernait l'ensemble des individus et les perturbateurs existaient mais ils étaient peu nombreux.

A. G. : Et ils étaient chassés généralement.

Intervenant 1 : On les accompagnait, comme l'a très bien dit Madame. Des parents aux arrière-grands-parents, c'était toujours la même caverne qui se perpétuait.

A. G. : Sans compter que dans des systèmes politiques plus autoritaires, il ne vous est guère possible de penser différemment du dogme établi. Nous parlons d'aérations subtiles et de communication subtile de système à système, ce qui est très joli et très agréable à entendre, mais nombreux sont les exemples de systèmes politiques où le dogme c'est le dogme et on n'en sort pas.

Intervenant 1 : Ces sociétés-là correspondent de moins en moins à notre modèle d'aujourd'hui et la déstabilisation peut venir du fait que les perturbations sont de plus en plus nombreuses. Quand elles arrivent, cela demande un temps d'adaptation, d'intégration, pour qu'une nouvelle caverne se reconfigure. Nous sommes peut-être arrivés dans un monde où les perturbations sont si fréquentes que la reconfiguration n'est plus possible.

A. G. : Ce n'est pas peut-être. On est dans un monde ouvert. On est dans un monde – en tout cas notre modèle occidental – qui revendique la liberté de circulation de l'information.

Intervenant 1 : Dans deux siècles nous dirons ce que nous étions et ce que nous n'étions pas. Nous avons le sentiment d'être dans un monde plus ouvert où les perturbations seraient si nombreuses qu'il n'y aurait plus de stabilité possible.

A. G. : C'est ce qui se passe, c'est ce que l'on vit.

Intervenant 1 : Je pense que dans deux siècles on le saura.

A. G. : Dans deux siècles, il y aura surement de nouvelles interprétations. Mais aujourd'hui c'est ce que communique le système et je vous rappelle que si on adopte un point de vue sophistique, ou un point de vue interne à la caverne, si le système le dit, il n'y a rien d'autre de vrai.

Intervenant 1 : Si le système le dit, c'est vrai.

A. G. : Dans un système de communication, si le système crie, ça crie. Et le système crie aujourd'hui, il dit qu'il n'arrive plus à se positionner au niveau des valeurs.

Intervenant 1 : Et donc dans ce système-là, un Socrate qui vivrait en 2014, je m'interroge…, pourrait-il exister ?, et que ferait-il ?

A. G. : Vous me tendez un piège en quelque sorte, parce que vous venez de dire que les perturbateurs étaient partout et là vous me parlez d'un Socrate tout seul. J'ai envie de vous dire que si je vous suis, si j'accepte votre façon de voir les choses, vous avez déjà répondu. Socrate est partout aujourd'hui. C'est-à-dire que le système a accepté d'être mis en danger en permanence, au travers des flux de communication qu'il a ouverts. Le système a accepté, par les circuits de communication multipliés, de prendre l'eau de toute part. Donc, je répète, que Socrate est partout. Et nulle part.

Intervenant 1 : Or la perturbation n'existe que par rapport à un référent.

A. G. : Stable.

Intervenant 1 : Et si l'on n'a plus ce référent stable, il n'y a plus de perturbation.

A. G. : Et cela ressemble à ce qui se passe aujourd'hui. Une agitation désordonnée où l'on n'est plus capable de localiser le perturbateur. C'est un peu notre état actuel. Comme vous l'avez très bien dit, il faut un système actif pour donner sa raison d'être au perturbateur. Dans le cas d'un système déstabilisé qui a laissé sa place à toutes les perturbations possibles, on ne sait plus qui est qui.

Intervenant 3 : Jusqu'au moment où le perturbateur deviendra celui qui veut rétablir l'ordre.

A. G. : On en a quelques uns déjà aujourd'hui comme ça. Car cela pose un vrai problème, un vrai problème d'identité, un vrai problème politique, un problème de société.

Intervenant 1 : Et même un problème de vie en commun car si la perturbation est permanente, le commun n'existe plus.

A. G. : Nous n'acceptons plus de partager les mêmes valeurs.

Intervenant 3 : Et donc on en arrive à un repli identitaire.

A. G. : Sauf que l'identité pour se construire a besoin d'un modèle et que si nous n'en avons plus aucun, même le repli identitaire n'est plus possible. On en arrive à une identité en crise, même au niveau individuel. On en arrive à des individus qui ne sont plus capables de se modéliser.

Intervenant 1 : Les fourmis y arrivent bien à se modéliser.

A. G. : Ça marche très bien les fourmis, vous savez, depuis très longtemps.

Intervenant 1 : Eh bien oui, on fait pareil, si on retourne à la situation où il n'y a plus…, on trouvera bien un moyen quelconque de…

A. G. : Madame ?

Intervenant 3 : Il y a quand même des sectarismes très évidents dans les civilisations actuelles. C'est-à-dire qu'il y a un effet de repli identitaire terrible, en même temps qu'il y a de multiples perturbateurs. Et alors au lieu d'avoir une espèce de pot commun, on en arrive à avoir une espèce de mosaïque.

A. G. : Sauf qu'il s'agit de ce que l'on pourrait appeler des micro-systèmes, fragiles. Je voudrais rappeler que l'homme n'est pas né homme, il s'est construit culturellement en posant des repères, des repères identitaires. Et que dans un monde où l'homme voit ces repères lui échapper, c'est aussi son humanité, son identité humaine, qui est inquiétée.

Intervenant 3 : Mais en tant que philosophe et plongé dans cet univers, aujourd'hui, à l'inverse d'il y a une cinquantaine d'années où il y avait l'École de Francfort, où encore Sartre, etc., que pouvez-vous détecter comme pointes d'émergence de nouvelles philosophies ?

A. G. : Mais il n'y a pas, justement, d'émergences, je n'en détecte pas. Je vous l'ai dit, je reste à l'intérieur. Je reprends l'expression de Madame, « le courant d'air ». Il faut nous installer – comme lorsque j'ai parlé du silence – dans l'accident. Parce que le sens et le modèle, vous allez me dire que ça change quoi ? Ça ne change pas grand-chose. Je ne vous dis pas non plus d'être complètement dans la perturbation, etc., je dis qu'il faut s'installer vraiment dans cette position intermédiaire. Comprendre que nous avons besoin d'un modèle mais que ce modèle, il est aussi nécessaire qu'il soit dans une remise en question permanente. Comprendre que nous avons besoin d'un modèle dont il ne faut cesser de chercher les failles.

Intervenant 1 : Les failles, ou les perfectionnements ?

A. G. : Pas les perfectionnements, les failles. Avec les perfectionnements vous retournerez du côté de Platon. C'est-à-dire que vous chercherez une réponse. Non, les failles. Observez, cherchez, installez-vous dans l'accident. Cultivez-le.

Intervenant 1 : Mais enfin! c'est l'endroit et l'envers.

A. G. : C'est la position de Socrate. Il est dedans et il est dehors. C'est également celle d'Héraclite dans la jonction des contradictoires. Cette position est anti-philosophique au sens traditionnel du terme. Au sens de la philosophie théorique ou spéculative. Mais c'est la seule position soutenable pour la pratique philosophique telle que je la conçois. Socrate ne cherche pas à améliorer le système, il ne cherche pas un quelconque perfectionnement. Il reconnaît le modèle mais en montre les failles. Après, libre aux représentants dudit modèle d'évoluer s'ils le souhaitent, dans la direction d'une nouvelle caverne. Mais le philosophe praticien se limite à les mettre face à leurs contradictions et leur laisse la responsabilité de faire évoluer ou non leur propre caverne. Il ne va pas plus loin.

Intervenant 1 : Est-ce que ça veut dire que vous niez toute espèce d'idée, de sens de l'histoire, de progrès, etc.

A. G. : Je ne nie pas qu'il y ait de très belles idées qui forment de très belles cavernes. Qui sont très stables et qui fonctionnent très bien et que c'est très bien pour le groupe qui vit à l'intérieur. J'en reconnais la valeur mais je n'en reconnais pas la vérité, par contre. Je dis qu'il y a effectivement des cavernes qui forment de jolis assemblages, de jolis édifices architecturaux, comme le dit Bergson[164], qui méritent le respect d'un point de vue logique, mais je ne vais pas plus loin. Et le rôle que je donne à la pratique philosophique est uniquement celui de cette position intermédiaire qui consiste à faire observer les incohérences logiques d'un système de pensée en fonction de ses propres critères, en laissant ensuite toute latitude aux représentants

---

[164] Cf. Bergson, *La pensée et le mouvant*, IV, « L'intuition philosophique », « Simplicité de l'intuition », p. 118.

dudit système de s'auto-corriger ou non, c'est-à-dire sans proposer d'alternative en échange. Je rappelle d'autre part que la demande doit émaner de l'interlocuteur lui-même et ne pas être provoquée par le philosophe praticien. Cela fait des siècles que la philosophie théorique prétend nous dire la vérité, qu'elle multiplie les modèles d'interprétation du monde et que, non seulement, même si je dis là des banalités, ces systèmes se contredisent les uns les autres, mais qu'en plus elle est très loin de rencontrer une adhésion unanime de la part du grand public. C'est-à-dire que sa fameuse valeur de vérité n'est pas reconnue. Et c'est dans ce sens que je dis qu'il nous faut peut-être mieux rester, en faisant preuve d'humilité, au stade juste antérieur, c'est-à-dire à celui représenté par Socrate, qui ne prétend pas aller jusqu'au vrai. Même si tout au long de l'histoire la philosophie théorique a participé de manière significative à la structuration de nos façons de penser, elle ne s'est pas contentée seulement de ça, elle ne s'est pas contentée, à la manière de la sophistique, de reconnaître simplement qu'elle aidait à améliorer le modèle en place, c'est ça le problème. Ou bien vous considérez que la philosophie est une forme de sophistique et que sa seule valeur est d'aider à la structuration des différents modes de représentation, ou bien vous estimez que la philosophie est telle qu'elle s'est décrite elle-même dans sa version théorique, c'est-à-dire qu'elle a pour fonction de dire le vrai et, dans ce cas, je réponds que non, que sa prétendue vérité échoue et n'a jamais cessé d'échouer.

CONCLUSION

Pour conclure, je voudrais rappeler les principaux points sur lesquels la pratique philosophique, telle que je la conçois, se démarque de l'acception traditionnelle de la philosophie. Le plus important étant, tout d'abord, le rejet du postulat de Parménide assimilant être et pensée. Ce postulat constitue le point d'ancrage du modèle platonico-aristotélicien qui a dominé la philosophie de l'antiquité jusqu'à nos jours. En le rejetant, j'incline volontairement la pratique philosophique du côté de la sophistique et plus particulièrement de ces deux figures majeures de la première période que sont Protagoras et Gorgias, ainsi que du côté d'Héraclite qui a joué, selon mon analyse, un rôle déterminant dans la constitution de leur pensée. Les apports significatifs que je revendique en pratique philosophique concernant Héraclite sont, d'une part, la prévalence du temps sur l'espace, au travers notamment de son Πάντα ῥεῖ, « tout s'écoule », que je ramène à une prévalence du sujet sur l'objet – la pratique philosophique s'adressant en priorité à des identités incarnées et non à des représentants d'une pensée abstraite comme c'est le cas pour le modèle platonico-aristotélicien –, ainsi que la coïncidence des contraires qui s'oppose directement au principe fondamental de la logique aristotélicienne à savoir le principe de contradiction. Pour ce qui est des sophistes, c'est l'idée de *pharmakon* que je retiens plus particulièrement, à savoir le fait de limiter la fonction du discours à un simple moyen d'améliorer le modèle de représentation utilisé par le destinataire dans une situation donnée, en utilisant les propres critères logiques de celui-ci, sans apporter du dehors une doctrine toute faite sur laquelle il lui serait loisible de se reposer.

Dans la continuité de la remise en cause du postulat de Parménide, c'est l'idée même de vérité qui tombe en pratique philosophique, ce pilier de la philosophie théorique et argument massue qui lui permet de prendre ses distances par rapport à la sophistique mais qui se résume, selon l'analyse que j'en ai donné, à un simple outil rhétorique. Ou, pour le dire autrement, je considère la philosophie dans sa mouvance platonico-aristotélicienne comme rien de plus qu'un courant dissident de la sophistique utilisant le métaprincipe de la vérité pour se singulariser. En pratique philosophique la notion de vérité n'aura de valeur que dans un système fermé de communication et dans la limite de ses présupposés de départ. Ne sera donc vrai que ce qui s'avère fonctionnel d'un point de vue logique, selon la logique propre d'un individu ou d'un groupe suivant ses propres critères d'analyse. En pratique philosophique, la vérité devient une notion intrasystémique par opposition à la philosophie théorique où elle se postule comme extra-systémique.

Le principe de contradiction est le troisième point qui distingue pratique philosophique et philosophie théorique. Ce principe qui s'inscrit dans la continuité du postulat de Parménide et de la notion de vérité est la clef de voûte de la logique aristotélicienne, cette logique binaire avec laquelle nous continuons de fonctionner aujourd'hui. « Au-delà de ce principe, votre logique n'est plus valable », pourrait-on dire pour parodier le titre du roman de Romain Gary[165], et la réalité non plus. Car Aristote ne considère pas ce principe comme valide uniquement d'un point de vue logique, il considère que l'être lui-même, c'est-à-dire ce que je nomme le *monde-déjà-là*, ne saurait y déroger. En pratique philosophique, c'est tout le contraire. C'est avec la négation de ce principe qu'elle commence. C'est à partir du moment où la logique d'un système référent quelconque se voit prise en défaut, que celui-ci se retrouve face à ses propres contradictions, que la réflexion peut avoir lieu. C'est en ce sens que la pratique philosophique n'est pas et ne saurait être une entreprise de théorisation. Elle travaille sur l'acte de réfléchir lui-même, ce que j'appelle la problématique et qui est le pendant en pratique philosophique de la logique en philosophie théorique, cette voie laissée inexplorée par le mode d'enseignement traditionnel de la philosophie où les problèmes ne sont au mieux sollicités que comme de simples prétextes pour analyser les réponses théoriques apportées par les différents maîtres à penser. En pratique philosophique, il n'y a pas de réponses. Il n'y a que des problèmes sans cesse reconduits jusqu'à produire l'aporie finale du système, le moment où celui-ci se délite. Le moment de l'accident où les référents mémorisés ne sont plus d'aucune utilité, où l'individu marche dehors. Seul moyen, selon mon analyse, de faire évoluer un système de pensée.

Le dernier point important à rappeler concernant la différence entre pratique philosophique et philosophie théorique est l'utilisation que chacune fait du langage ordinaire. Si la philosophie théorique considère qu'il est possible d'atteindre l'objet par ce biais, en pratique philosophique sa portée se voit réduite aux seules relations intersubjectives.

---

[165] Romain Gary, *Au-delà de cette limite votre ticket n'est plus valable*, 1975.

Le langage ordinaire n'est considéré que comme un simple outil de communication entre les différents membres d'un même système de valeurs qui ne saurait être exporté dans un quelconque ailleurs. Ce n'est qu'à ces différentes conditions que la pratique philosophique pourra trouver une utilité concrète et remédier au problème de communication posé initialement par la philosophie théorique.

Ce n'est en effet qu'à la condition d'une rupture méthodologique radicale que la pratique philosophique pourra se démarquer de l'enseignement traditionnel de la philosophie et ne pas être assimilée à une simple activité de vulgarisation de celle-ci en direction du grand public. La pratique philosophique n'est pas de la philosophie en modèle réduit. J'ai démontré qu'il y avait une incompatibilité fondamentale, définitionnelle, entre le discours théorique développé par la philosophie et un public non spécialisé. Il faut donc inverser les polarités : que ce ne soit plus le public qui aille au discours philosophique mais la philosophie qui s'adapte aux modalités de communication de ses différents interlocuteurs. Le savoir change de camp. En pratique philosophique, il n'est plus du côté du philosophe praticien mais de son ou ses interlocuteurs, ce sont eux qui constituent les principaux référents en matière de savoir, contrairement à la philosophie théorique et à son mode d'enseignement traditionnel, où le savoir est du côté du philosophe ou du maître. Cette inversion des valeurs ou cette révolution copernicienne pour reprendre une formule kantienne est nécessaire si l'on veut remédier au problème de communication posé par la philosophie théorique, à savoir son incapacité à communiquer efficacement avec le grand public.

J'insiste d'autre part sur l'orientation profondément humaniste de la pratique philosophique. Humaniste dans le sens d'une émancipation de l'individu. Nous n'aimons pas choisir. À vrai dire, je crois que nous n'aimons pas même réfléchir. Nous aimons nous soumettre à une autorité qui pense et agit à notre place. La pratique philosophique entend donner à l'individu l'occasion d'exercer sa propre pensée, sa propre manière de réfléchir, sans faux-fuyants, sans se rassurer du poids d'une doctrine. Elle entend l'interroger en le poussant dans ses retranchements, en lui demandant : « Qui es-tu, toi qui parle ? Qui acceptes-tu d'assumer en ton nom propre ? ». C'est cette vivacité de l'acte de penser qu'il convient de favoriser au travers de la pratique philosophique. Nous avons toujours fait semblant de faire de la philosophie. Quand je parle de nous, je parle de tous les apprentis philosophes, de tous les élèves en philosophie. Nous nous sommes assis bien sagement sur nos chaises et nous avons écouté le maître nous parler de la remise en question de tout savoir, de Socrate et de Descartes, mais, durant tout ce temps, nous écoutions le maître. Et l'image que l'on se fait de la philosophie que critique la pratique philosophique c'est celle-ci, celle d'une philosophie que l'on vient écouter, celle d'une philosophie que l'on enseigne. En ce sens la pratique philosophique revient à l'acte pur de philosopher, au « geste » philosophique et elle n'en sort pas. Je considère en effet que ce labyrinthe de la pensée, cet état de confusion mentale de l'esprit quand il doute, est l'état propre de la réflexion, l'attitude philosophique même. C'est cela philosopher : rentrer dans le labyrinthe et, au moyen de la logique, c'est-à-dire d'un discours structuré, finir par se perdre, finir par rencontrer une impasse qui oblige à rebrousser chemin, et une impasse encore, et ainsi de suite, jusqu'au moment où l'on abandonne, où l'on est perdu, ce moment que je nomme « accident », où la pensée enfin se libère de toute sa mémoire, où elle n'avance plus à pas sécurisés, mais où elle s'arrête et regarde, ce moment où elle est enfin dehors, hors d'un modèle collectif de représentation, hors de la caverne.

BIBLIOGRAPHIE

Alain, *Propos sur les pouvoirs*, éd. Gallimard, coll. Folio essais.

Aristote, *Éthique à Nicomaque*, trad. J. Tricot, éd. Vrin.

Aristote, *Métaphysique*, trad. J. Tricot, éd. Vrin.

Aristote, *La Politique*, trad. J. Tricot, éd. Vrin.

Aristote, *Traité de la génération des animaux*, trad. J. Barthélemy-Saint Hilaire, Paris, librairie Hachette.

Rémi Astruc & Alexandre Georgandas, *Le mythe de la caverne aujourd'hui*, éd. Ellipses, 2015.

Aubenque Pierre, *Études sur Parménide*, éd. Vrin.

Bateson Gregory, *Vers une écologie de l'esprit*, trad. Ferial Drosso, Laurencine Lot et Eugène Simion, éd. Seuil, coll. Points, série Essais, 1995.

Bergson Henri, *La pensée et le mouvant*, éd. PUF, coll. Quadrige, 1938.

Bergson Henri, *Le Rire*, éd. PUF, coll. Quadrige.

Berkeley George, *Oeuvres I*, traduction collective, éd. PUF, coll. Épiméthée.

Bernard Claude, *Leçons sur les phénomènes de la vie communs aux animaux et aux végétaux*, 1878.

La Sainte Bible, trad. Louis Segond, éd. Société biblique de Genève.

Bohr Niels, *Physique atomique et connaissance humaine*, trad. revue par Catherine Chevalley, éd. Gallimard, 1991.

Boileau Nicolas, *L'art poétique*, éd. Gallimard.

Bouveresse Jacques, *Essais V. Descartes, Leibniz, Kant*, « Descartes, le « bon sens, la logique, la logique et les vérités éternelles », éd. Agone 2006.

Cannon W. B., *La sagesse du corps*, 1932.

Carroll Lewis, *De l'autre côté du miroir*, trad. Jacques Papy, éd. Gallimard, coll. Folio classique, 2006.

Cassin Barbara, *L'effet sophistique*, éd. Gallimard, coll. nrf Essais, 2009.

Chauviré Christiane, *L'Essayeur de Galilée*, éd. Les Belles Lettres, Paris,1980.

Chomsky Noam, *Aspects de la théorie syntaxique*, éd. du Seuil, coll. L'ordre philosophique, 1971.

Conche Marcel, *Parménide, Le Poème : Fragments*, éd. PUF, coll. Epiméthée.

Clément d'Alexandrie, *Stromates*.

Deleuze Gilles, *Logique du sens*, Les Éditions de minuit, coll. « Critique », février 2009.

Deleuze Gilles et Guatarri Félix, *Qu'est-ce que la philosophie ?*, Editions de Minuit, 1991.

Descartes René, *Discours de la méthode*, éd. Vrin, 1999.

Descartes René, *Méditations métaphysiques*, trad. du Duc de Luynes, éd. Vrin, 1978.

Épicure, *Lettre à Ménécée*, trad. Pierre Pénisson, éd. Hatier, coll. Les classiques Hatier de la philosophie.

Heidegger Martin, *Chemins qui ne mènent nulle part*, trad. Wolfgang Brokmeier, éd. Gallimard, coll. Tel.

Héraclite, *Fragments*, trad. Marcel Conche, éd. PUF, coll. Epiméthée, 1986.

Jung Carl Gustav, *Psychologie du yoga de la Kundalinî*, trad. Zéno Bianu, éd. Albin Michel, coll. Spiritualités vivantes.

Kant, *Critique de la raison pure*, trad. Alexandre J.-L. Delaware et François Marty, éd. Gallimard, coll. Folio essais 1990.

Korzybski Alfred, *Une carte n'est pas le territoire*, trad. Didier Kohn, Mireille de Moura et Jean-Claude Dernis, éd. L'éclat, 1998.

Koyré Alexandre, *Du monde clos à l'univers infini*, éd. Gallimard, coll. Tel.

Laërce Diogène, *Vies et doctrines des philosophes illustres*, trad. Jacques Brunschwig.

Mallarmé Stéphane, *Poésies*, éd. Gallimard.

Melville Herman, *Bartleby le scribe*, trad. Pierre Leyris, éd. Gallimard, coll. Folio, 1996.

Merleau-Ponty Maurice, *La structure du comportement*, éd. PUF, 1942.

Nietzsche, *La naissance de la tragédie*, trad. Michel Haar, Philippe Lacoue-Labarthe et Jean-Luc Nancy, éd. Gallimard, coll. Œuvres philosophiques complètes.

Nietzsche Friedrich, *Le Crépuscule des idoles*, trad. Jean-Claude Hémery, éd. Gallimard, 1974.

Nietzsche Friedrich, *Vérité et mensonge au sens extra-moral*, trad. Nils Gascuel, éd. Actes Sud, coll. Babel.

Platon, *Apologie de Socrate*, trad. Maurice Croiset, éd. Belles Lettres.

Platon, *Gorgias*, trad. Alfred Croiset, éd. Gallimard, coll. Tel.

Platon, *Le Sophiste*, trad. Auguste Diès, éd. Gallimard, coll. Tel.

Platon, *Parménide*, trad. Auguste Diès, éd. Gallimard, coll. Tel.

Platon, *République*, trad. E. Chambry, éd. Gallimard, coll. Tel.

Platon, *Théétète*, trad. Auguste Diès, éd. Gallimard, coll. Tel.

Plutarque, *Sur l'E de Delphes*, trad. R. Flacelière.

Popper Karl, *Toute vie est résolution de problèmes*, trad. Claude Duverney, éd. Actes Sud, série « Le génie du philosophe », 1998.
Ricoeur Paul, *À l'Ecole de la Phénoménologie*, éd. Vrin, 1986.
Ricœur Paul, *la métaphore vive*, éd. du Seuil, coll. Points Essais, 1975.
Rousseau Jean-Jacques, *Les Confessions*, première partie, livre I.
Simplicius, *Commentaires sur la Physique d'Aristote*, éd. Diels.
Spinoza, *Correspondance*, trad. M. Rovere, éd. Garnier-Flammarion, 2010.
Wittgenstein Ludwig, *Investigations philosophiques*, trad. Pierre Klossowski, éd. Gallimard, coll. Tel.
Wittgenstein Ludwig, *Tractatus logico-philosophicus*, trad. G. G. Granger, éd. Gallimard, coll. Tel.

TABLE

www.ingramcontent.com/pod-product-compliance
Lightning Source LLC
Chambersburg PA
CBHW050509160726
48003CB00001B/227